U0110818

大展好書 好書大展

生活廣場 16

由客家了解亞洲

高木桂藏／著
陳 蒼 杰／譯

大展出版社有限公司 出版
品 冠 文 化 出 版 社 發行

序言

★獻給逆風中的人

用寫的是客家，讀的是「ha ga」。客家語（ha ga 話）。客家語，是中國五大方言之一。北京語是讀做「客家」。

其由來是，宋代在製作戶籍之際，將定居於該土地上的百姓認定為「主」，以後才移居至此者被區別為「客」。

更淺易地說，所謂客家是指「外來者」。即不可成為「主」的人們。

主要居住地域是，中國南部，尤其以福建、廣東兩省居住最多。而且，是以集團居住在山間的僻地。他們的語言（客家語）、生活形態、文化，和普通的福建人、廣東人都有顯著差異。

臉孔也不同。和南方系的福建人、廣東人相比較，他們的臉孔細長、鼻梁高，是屬於北方系的臉孔。這也不足為奇，因為他們的祖先是來自遙遠的北方黃河流域一帶，在種種不可抗拒的理由之下移居而來。

中國，並非古來就像今日的中國。中國的文明發祥地是在黃河流域，但是，其他地域卻住著許多和漢民族以外的多種民族（現在，仍有五十餘種的少數民族）。以高度文明逐漸將漢民族以外的民族，加以漢民族化（中國化），即為中國的歷史。

然而，那也是必然性的「南下」歷史。

亦即，客家是擔任漢民族「南下」的「尖兵」角色的人們；同時，客家的歷史亦可直接稱是中國的歷史。

在移居地的先住民之中，僅居「客」位的漢民族後裔，憧憬「北上」恢復為「主」位之日，數百年之間，始終保持自己的身分。然而，其期待之日即將來臨了。

鄧小平，從來不曾認為自己是客家。因為，在大陸欠缺有利的作用。可是，台灣的李登輝卻公開坦言自己是客家；新加坡的最高實力者，李光耀更是自他都認定是客家；菲律賓前總統柯拉容，在任期結束後也前往福建省的祖先之地參墓，表示自己是客家。對於在海外成功的客家而言，客家宛如是帶著「勳章」般的榮耀。

居住在島國國家，日本的我們，對於如此的「主」與「客」的關係毫無關心。

對「客」的悲哀，可說較為鈍感。因為，徹底站在「客」的立場的經驗是少之又少。

因此，在際遇不佳、逆境裡顯得相當脆弱，將負面轉換為正面，將「客」逆轉為「主」的活力，可說非常缺乏。同時，不喜愛「下克上」或「主客倒置」。

以此意味來看，本書可說是獻給生活在現代，受全球不景氣影響，即逆風時代的人的一本書。

★給「野蠻人」的日本人

在此，我們來思考北韓（朝鮮民主主義人民共和國）故金日成主席唱導的「主體思想」意義。當然，這是指要建設一個自主、自立、自衛、自己模式的社會主義國家，然而此言的背後卻可透視到中國的姿態。

長久以來，朝鮮（今日的南、北韓）一直向中國的朝廷朝貢。由中國的皇帝，即天子授予王位，才能保持國王的正常性（冊封關係）。

即使是中國周邊的其他國家，也是如此。琉球亦是。以中國觀點來看，朝鮮和琉球是屬於「自國的臣下，屬國」。頂多是以「弟分」看待。

日本，不僅未朝貢天子，而且是不想浸浴於中國優渥文明的野蠻國，即「夷狄」而已。將日本視為野蠻國的認識，不只是中國人而已。像南韓人、北韓人也根深蒂固這麼認為。

因此，他們認為將自己的想法強壓給未浸浴在中國文明裡，顯得令人憐憫的野蠻人——日本人，是當然之事。

至於「主體思想」一詞，是因意識「主體」「客體」而使用。亦即，中國為「主」，朝鮮為「客」的「主客關係」意識，而想擺脫此「桎梏」，進而自立為目的的思想。即自國為「主」的思想。

非馬克斯、列寧，亦非毛澤東，而是屬於金日成自己的意義，誠如宿願般籠罩其中。由於如此，獲得了人民的共鳴而備受支持。認為終於能和中國保持對等關係……。

可是，中國對此問題卻裝作不知情，只覺得「弟」又鬧彆扭了。因此，詳情於後敘述，對北韓的核武一直懷有疑問的美國，強力要求制裁，但是在聯合國安理會的中國，卻絕口不說「YES」。

以中國立場而言，北韓雖是不肖之「弟」，可是像美國的國家，不過是只有二百年歷史的野蠻國。

★給「亞洲音痴」的日本人

日本雖位處亞洲位置，卻是「亞洲音痴」。尤其有關中國的問題，更充滿誤解。例如，中國共產黨內部的權力鬥爭，日本的傳播媒體是視之為「保守派」和「改革派」之爭，但事實絕非單純。中國的問題，不能以意識形態等的西歐之秤來衡量。

話雖如此，但日本人是否有現在西歐人的想法？其實卻不盡然。長久以來為日本人憧憬對象的「西歐」，業已沒落，日本人所看的「西歐」，宛如海市蜃樓。

西歐人已察知自己已行至末路，於是亟欲學習亞洲型的思考方法。因此，發生了西歐人比屬於亞洲人的日本人更了解亞洲問題的「扭曲現象」。

因此思考客家的問題，是意味要矯正「扭曲」。可說是使中國、亞洲和西歐均能恢復到正確座標軸上的關鍵語。

同時，將更有效使日本投映於鏡中。

於靜岡　高木桂藏

目錄

第二章

第三章 假如李登輝和鄧小平會面……93

第四章　客家英傑列傳……127

第五章 以際遇不佳為踏石智取天下

第六章 日本的客家文化……219

第一章　根在「中原」

見義不為非勇也——客家之心

☆九龍之同居人

在中華人民共和國裡，發生了以後被稱爲「十年災厄」的無產階級文化大革命，是一九六六年之事。

畢業於日本的大學的我，前往香港的中文大學大學院新亞研究所深造。

進入香港社會的我，所住的是，九龍官塘街的難民公寓。我是在不和中國人一起生活，就學不會語言……的想法之下而行動。

一九五〇年代後半的大躍進政策失敗，迫使數十萬的中國人從大陸逃到香港（稱爲「大逃亡」），而我所居住的公寓，就是香港當局接那批逃難人口所設置的公寓。

在這些公寓裡，是數個家庭共同租賃一層樓而生活。我的情形亦是，３ＤＫ的其中一間，在一坪半裡我和一位中國青年人設置一個雙層床舖一起生活，毗鄰的房間是一對帶著兒子的夫妻，另一間房間則是出身廣東省台山縣的老婆婆和她兒子，浴室、廁所、客廳、餐廳是眾人共同使用。

總計六人一起生活的空間裡，又加入日本人的我。

和我一起生活的那位中國青年人，是出身廣東省惠陽。就我的記憶，他年長我三、四歲。

他也是「大逃亡」群之一，父母兄弟都留在大陸，只有他一人在香港生活。在香港，他從事種種打工以維持生計。和現在到日本的中國人相同，他是白天工作，入夜又到另一處工作，即所謂的MOON WORKER。他確實非常勤奮工作。

可是，他幾乎身無分文。

因爲，他完全沒有存款。

是否太浪費？其實不是。

經過一段時間後我才知道，他是爲了在大陸的父母兄弟，屬於長男的他，每月匯回一定額度的金錢——幾近二百港幣。他的匯款使家人得以勉強生活。

事實上，當時的我時常會目睹如此的光景。

在我就讀的大學附近有一間郵局，在開始上課的上午九時，也是郵局開門營業的時刻，每日都可看到排著長龍的一群人。

香港的人，是爲了大陸的家人郵寄包裹回鄉，其內容是米等生活必需品。包裹是使用毛巾布或被單布作成，至於收件人姓名是用毛筆寫在布上，再縫在包裹上。聽說，在大陸也把這些布料做成衣服。

另外在同一時期，由香港共產黨主導使用土製炸彈的暴力事件也橫行其間。他們發出聲明，「不久之後，人民解放軍就要解放香港」。

☆越境反共義勇軍

某日，我的同居者青年接到母親來函。

在讀家書當中，他的淚水潸潸而下，漸漸成爲幾近狂泣的狀態。此狀態整整持續一夜。數日、數日……。

當時的大陸，正値文革風暴肆虐。中國全土四處在狂亂狀態。

其父親是曾到海外的華僑，屬於歸國者，可是卻被紅衛兵揪出指爲間諜。結果，父親被戴上三角帽子，遊街示眾，又被亂拳毆打。當然，家族也被看成「反革命分子」，受到同樣的迫害。其弟更因此發狂……。

屬於兄長的我的同居者逃到香港，也被認定是「叛國投敵」，亦即向帝國主義投降者，於是對其家族益加迫害。

唾棄共產黨控制逃往香港的人們，以大學生佔多數。亦即，以知識分子居多。

在文革當時，知識分子爲迫害對象是當然之事，可是屬於村裡菁英分子的他們，對共產黨確實失望。可是，他們的家人在大陸備受迫害，而在香港，共產黨的暴力行動也時有耳聞。

身心備受煎熬的他們，於是有了以下構想。

「在香港組織義勇軍潛回大陸，打倒共產黨政權。」

和我一起生活，出身廣東省惠陽的中國青年人，也是其中一人。他們的伙伴可能將近二千人。

他們的代表，分別從越南、寮國、泰國、關島蒐集武器，其中不乏經由澳門，向中國人民解放軍調度兵器。

該大陸突擊作戰，已是蓄勢待發，箭在弦上。可是，各種關係者迫使他們的計畫中止。

傳聞他們把收集的武器，沈入距離香港相當遠的海洋裡。

☆血濃於意識形態

他們義勇軍的構想是，越境到大陸，即刻侵入廣東省的山間地，散播反共宣傳，俾使大陸大混亂。同時，在山岳進行游擊戰。

爲何選在山間地？非單純的較易作戰的理由。

這一點是屬於本書後面所敘述的客家範疇。

同時，和我同居的青年也是客家人。

住在中國山間的客家人是什麼？容後章再做說明，不過在義勇軍的伙伴中，有很多客家人。

實際上，他們和大陸山間地的客家有保持聯絡，相呼應打戰的約定。傳聞和大陸方面約定協助的客家中，有的是人民公社的幹部。

同屬客家人的「血」，超過意識形態。

十九世紀末，在南中國頻發「械鬥」的村落間戰爭。同時，在廣東省也發生客家人被大虐殺的歷史。由於如此，傳聞客家人以自己保衛自己的血統爲優先。

加上，廣東省是對中央反抗意識強烈的地區。所以，義勇軍構想絕非只是妄想。但是，讓義勇軍對作戰停止行動的理由尚有一個。

在中國方面的邊境（現在的深圳），取締由大陸潛逃香港者的軍隊，過去是廣東人的部隊，其中不乏客家的伙伴。但是，文革中廣東人部隊被調動，而改由山東省的部隊駐屯。亦即，由語言不通的他省的警備隊，阻止企圖從廣東潛逃香港的人群。

因此，假設義勇軍在大陸吃敗戰，陷入必須潛回香港的事態時，國境的部隊若是相同的客家人，則以客家語說「我是客家」，便得以通行。

加上，傳聞廣東省客家系的部隊業已約定挺身呼應義勇軍作戰。反之，駐屯的是北方山東人的部隊，情況就大不相同了。中國北方幾乎無客家人居住。因此，也沒有能呼應的人。

「在此狀況下到大陸活動，義勇軍可能會全滅……。」

由於如此，原本有二千人左右的義勇軍，最後銳減爲八百人。

僅存的八百人，泰半是客家人。

☆思念家族、思念一族

可是，家族在大陸遭受迫害的事態豈能放置不管？事實上，香港的客家人也不斷在大陸進行地下工作。

例如，

——倘若故鄉的人民公社幹部，以各種手段迫害留在大陸的家族，則客家人以外的香港人，只會哭泣、憤慨而已，可是客家人的做法就不同了。他們會把香港即將販售的蔣介石照片，從香港寄給故鄉的人民公社幹部當作禮物；同時，會隨郵寄附上一封短文。

客家人居住地區

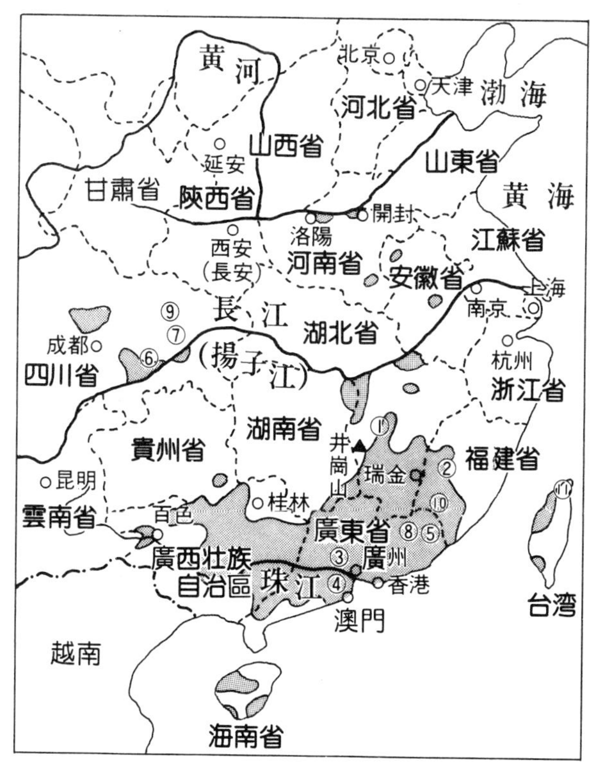

註＝地圖上的數字，是著名之客家人的出身地。

①吉安（文天祥） ②尤溪（朱熹） ③花縣（洪秀全） ④翠亨村（孫文） ⑤大埔（何如璋、李光耀一族） ⑥沙灣（郭沫若） ⑦廣安（鄧小平） ⑧梅縣（葉劍英） ⑨儀隴（朱德） ⑩永定（胡文虎、李登輝一族） ⑪台北縣（李登輝）

「〇〇先生，辛苦你了。蔣總統反攻大陸之日已近。過去長久以來你盡心盡力爲國民黨從事地下工作，蔣總統本身也深表欣喜。直到勝利之日，請繼續努力吧！」

如此般，從香港寄出，附加感謝函的蔣介石照片和國民黨的宣傳文書，在平常我也曾看過。

接到此信的幹部，十分畏懼、恐慌。唯恐因此遭到紅衛兵或共產黨特務的懷疑眼光看待，幹部本身也了解「這是香港的客家人做的」。也因此，不可隨便出手迫害留在大陸的客家家族。

同時，香港的客家人會互相金錢援助，幫助客家人從大陸逃到香港，也是不爭的事實。

在此手段之下，客家人得以保護大陸的家族和親人。亦即，非常思念家族、一族、民族的人們。

這是從一直在中國人之中遭到迫害、壓迫的少數者的團結心而來。絕不違悖伙伴，絕對守護——在客家之間，是比國家或社會的律令更優先的原則。

☆好鐵不打釘

——以上，是我對客家人給人強烈印象的認識。

「見義不爲，非勇也。」

客家人是熱血又激情，有濃厚義俠心，勇於奮鬥的人。

一般而言，中國大眾是像魯迅批判的「阿Q精神」者。所謂「阿Q精神」——此言會刺傷中國人的心胸——是不想改變現狀，常找理由爲自己辯駁。

例如，遭人毆打時，會認爲「他正處在困境裡，所以我才被毆打」「這樣可讓他滿足，所以被打的我很偉大」「如果我還手，他一定更糟糕，所以我才原諒他」等等，時常爲自己辯解而不採取行動。這可說是中國人的最大弱點。

在此當中，「堅持己見」的是客家人。

可說唯有客家人是不抱持「阿Q精神」的中國人。

結果，未成爲阿Q的客家，參加清朝末期的辛亥革命，參加國民政府、參加戰爭中，日本所設立的南京政府，也在共產主義革命時參加共產黨。同時成爲華僑，在海外積極奮鬥。

「好鐵不打釘，好男不當兵」是中國俗諺，可是，對「堅持己見」的客家而言，卻認爲這是阿Q觀念，因此反而積極加入軍人、政治家、革命家行列。對客家而言，認爲「不成爲軍人，就成爲強盜（以盜國意味來看，革命家也涵蓋在內），即可成功」。此言是實際存在，且是客家之諺。

☆客家人之村

在一次機會中，我和官塘難民公寓同室的客家人青年，連袂前往香港郊外的新界遊玩。

「新界」，是接近中國邊境的農山村地帶。部落似乎隱密於山間的村里裡。

觸目所及，人人一身上下全是黑色的服飾。戴著竹編，罩著黑布的斗笠的女人，不辭辛勞地在田裡或山間工作。

這是客家人。在香港郊外，有眾多的客家人。在香港，他們是先住民。

香港原本是在中國大陸的南隅，隸屬廣東省寶安縣。

一八四〇年爆發鴉片戰爭，成爲英國領土以前，他們就來到此僻壤生活。香港島，本來也是客家居住之島。這是比其他中國人到此之前很久以前的事。

我的朋友，向工作中的客家女人打招呼。

可是，那些語言是我不曾聽過，令人不可思議的腔調。

——這就是客家語，也是我初聞的客家語。

他說「我是客家人」，雖是初見面，可是像親兄弟似的親暱，包含一宿一飯的熱情款待我們。

☆二千年前的家系

雖是香港郊外，卻是非常偏僻的鄉下。人人都很親切和我們交談。我的語言，是有外國腔的中國話，因此，一定被問到「從那裡來？」

「日本。」

「哦，你是日本人？」

當時的我很年輕，所以會調皮開玩笑。

「不對，我是住在日本的客家華僑。」

「那麼，出身何處？」

我馬上回答是廣東省○○縣——隨便說個地方。

「原來如此，那是我祖先的分支。」

話題就這樣展開。你家在幾百年前是什麼，什麼家——大家都這樣說。

他們客家人都很了解祖先的傳承歷史。各有像一族系譜，記載數代的「族譜」（家系書）（朝鮮民族也有「族譜」），然其傳承比族譜更詳盡。

至於日本人的情形如何？傳承上擁有一族歷史，在日本只有天皇家和貴族而已。可是客家一族人卻有秦始皇帝以來的傳承。

其後，我常出入此聚落。同時，曾滯留一週期間。

另外，我也在香港郊外指導柔道，也在新界租屋。在此理由之下，我常到客家的聚落遊玩。

我去除自己的姓氏，而使用「高桂藏」的姓名，也因此受到高姓客家的待遇。

同姓被視爲兄弟，所以同姓互不通婚。

客家，迄今仍恪遵中國此古來的儒教教義。

☆男女平等中的貞女

穿著全黑的服飾、戴著外罩黑布的斗笠之外，客家女性在進入山裡時，會手持古代滅火者使用竹的，前端有金屬鏃茅狀的用具。因爲一個女人進入山裡，若是遭遇襲擊，即可作爲保護自己的護身具。

客家的男人會遠赴海外賺錢。守護家庭、到山間或田裡工作的是女人。客家的女人，正體現東方女性美德的貞女模樣。亦即，賢妻良母。

然而在客家女的特色上，可列舉的獨身極爲罕見。結婚，是女人應有的作爲。而男性也適用此概念，因此，不結婚的男人是不受尊敬。

傳宗接代，對老人盡孝，在中國人之中，客家由長老支配的傾向最強烈，這也是客家人所產生的一種社會保障制度。年輕時努力奮鬥，對老人盡孝，當自己年老時，則受子孫敬愛、尊重。

同時在客家社會裡，女性的地位很高。也接受教育。這是男女平等意識強烈使然，在男尊女卑的中國裡，客家中的男人，很少擁有「姨太太」。

我在留學的當時，正值香港的建築熱潮。

在建築現場中不乏女性工作者，而且她們是全身上下穿著黑服，又戴著外罩黑布的竹斗笠，肩挑扁擔的姿態。

她們都是客家人。

第五章裡會有詳述，客家女確實勤奮有加。

女性不因勤奮工作，汗流浹背而苦。——這是客家的特徵，在建築現場努力進行肉體勞動的女性，可說都是客家人。中國其他系統的女性，鮮少從事建築業。目睹客家女工作的其他中國人，會輕蔑地說：「你看，她們都是客家人。」

香港人口中，約一成是客家人。

☆自家人的特別優待券

香港的「裕華百貨公司」，是大陸系的百貨公司。

這是由中國共產黨廣東省委員會經營。

屬於客家青年的我的朋友及其反共伙伴，和裕華百貨的員工十分要好。他們雖是共產黨直系的百貨公司員工，但交情匪淺。和我同室的青年，迄今仍持有此特別優待券。

特別優待券，在廣東省是稱爲「九折」，只要出示此券，即可以九成（扣一成）購物。這是永遠通用，而且可借貸。

爲何能受此優遇？因爲裕華百貨的董事長是客家人。員工也是客家人。裕華百貨依此形態服務同是客家人的對象。

中國人非常看重「關係」。客家的這種傾向尤其強烈。

無論在香港或橫濱，華僑會在本國政治上的分派之下，因支持共產黨或支持國民黨而起紛爭之例頗多。朝鮮民族亦是。但客家不同。客家不會互起爭執。客家彼此會自稱「自家人」。

事實上，我也由那位同居青年居間交涉。爲我取得一張裕華百貨的特別優待券，現在仍隨身攜帶。持此券到裕華百貨，我一定說：

「是自家人。」

此乃意味你和我是伙伴。

那麼，裕華百貨的店員就會說：「哦，是自家人。OK」，購物就有折扣了。

潮州人和福建人也稱呼自己伙伴爲「自家人」，廣東人也說「自家人」。他們彼此這麼稱呼，可是員工卻不給他們折扣。

至於客家人，就會打折扣。

由此例即可窺知，中國人之中客家特別重視「關係」。

秦始皇帝時代以來的後裔——六次南下

☆使用古老北方話的人們

現在的客家人口，在大陸約四千五百萬人（佔中華人民共和國人口的三%弱），在海外大約有五百萬人，佔全華僑的八%。

將華僑依出身地別多的順序排列如下：

①廣東系、②福建系、③潮州（廣東省東部）系、④海南系，接著第五多的是客家系（本來客家，並非以出身地區分）。

在日本，約有五千人的客家。

客家語，在中國南部或東南亞的華僑間被廣泛使用。即，中國五大方言之一。

我在新界初次聽到客家語時，感覺似乎是北京語和廣東語中間的腔調，這在前文已提到，例如「謝謝」一詞，以北京語、廣東語、客家語做比較。

北京語是「謝謝」

廣東語是「唔咳」

客家語是「謝謝（sha sha）」

只是如此，可能還不是很清楚客家語的定位。以下再用「一、二、三、四、五、六、七、八、九、十」，以各語言來表示。

北京語＝「ㄧ、ㄦˋ、ㄙㄢ、ㄙˋ、ㄨˇ、ㄌㄧㄡˋ、ㄑㄧ、ㄅㄚ、ㄐㄧㄡˇ、ㄕˊ」

廣東語＝「Yat、E、Sam、se、un、lok、cha、pa、ga、sabu」

客家語＝「it、ni、sam 、si、ṇ、Lok、chi、pat、qiu、saṃ」

確實是這二個中間的腔調。

其實，客家語是古老中國的北方語。

在其證據上，或許各位已察覺最接近日本語「ichi、ni、san、si、go、Loku、sichi、hachi、ku、jin」的是客家語。二發音爲「ni」的是，北方中國語中至唐代爲止。此時代的中國語發音傳至日本，現在日本人仍在使用。

客家語雖是古老的中國北方語，但在中國南部和東南亞的華僑間被使用。此乃意味客家本來不是中國南方人。事實上，客家曾是中國北方的漢民族。在客家的傳承上，他們的父祖之地是在黃河流域一帶。父祖們爲了逃避故鄉的戰亂、飢餓或政情不安，而以集團方式南下。

☆流浪之民

來自中國文明發祥之地「中原」（黃河流域一帶）的漢民族大規模南下，大體而言史上共計六次。

第一次，是秦始皇時代。

始皇帝爲了阻止異民族入侵而派往廣東北部的大軍，在始皇帝亡後，無法返回中原，而一直滯留。

第二次，是晉永嘉時代以後。因五胡十六國之亂，住在山西、河北、河南等各省一帶的人們，越過黃河，經安徽省渡過長江，而落居於江西省北部。

第三次，是唐代末。爲逃避黃巢之亂的中原人們，向江西省西部、福建省的西部、南部，以及廣東省東部、北部遷徙。

在南宋末期進行的，是第四次南下。爲了和遭致元（蒙古）軍追擊，從臨安（杭州附近）都逃到廣東省的宋王室合流，於是江西、福建省的客家就向廣東省東部或北部遷移。

客家人來到此地，勇敢地與元的騎馬軍團對戰，結果敗戰而潛入山間地。宋朝滅亡後，他們據守於廣東、福建兩省。該二省，現在是客家最多的地區，這是第四次南下的結果。

第五次，是明末清初。

當時的四川省，因張獻忠之亂而成爲人煙絕跡之地。清朝呼籲向該地入植，而呼應的廣東、福建二省的客家便大舉遷移。鄧小平的祖先，也是呼應此遷移的客家人。第五次的移動，與其說是南下，不如說是西進。

抵抗清朝到底的鄭成功遺臣，從台灣逃到南洋之後，眾多的客家人便以農耕者集團渡海來台。現在台灣人的十五％爲客家人，在農村部擁有強大勢力。

前總統李登輝是客家人，而且是農學博士，在第三章再作詳述。

這五次的移動之外，在清朝中期可見到因人口增加的移動。本來已經在廣東省的台山、開平、四會等山間地落根的客家人，爲追求農地而向貴州省、海南島移居，也有新疆移民之例。

這些大移動的結果，使中國南方分布眾多的客家人。

然而，自清末以來，即以東南亞爲中心而移居海外。

☆為了爭水釀成血雨

雖言逃避戰亂而南下，但南方早有眾多人們生活。南方中國是稻作盛行的大穀倉地帶，在稻作上爲確保水源，則山林爲必要。新南下的人們加入了以山林和水田組合而生活的人們的行列。

產生軋轢，是當然之事。在南方留給客家的土地，只有條件惡劣的山岳地帶。對於在平地培育稻作的先住民而言，因進入山間部的客家會損壞水源地，而產生摩擦。因爭水問題而成爲血雨，是古今東西皆同。

宋代開始設置戶籍，而耐非土著者當作「客籍」。

在中國，「家」字具有眾的意義。此乃客家一詞的起源，至於客家，是意味非其土地之主的「客人們」。

亦即，以南方人的眼光來看，是指「外來者」，其中含有一種蔑視的意義。有些文獻甚至故意附上「犬」部首，而表記爲「狢家」。以周的先住民來看，客家被視爲在人之下而被輕蔑。

客家和以異端視之的南方先住民之間，紛爭不絕。客家雖入山岳地帶，但事實上該地區也有土著的人們，因此紛爭也多。

縱然是在偏僻的山岳地帶，但是和當地先住民在持續緊張關係之下生活，因此他們的古老北方文化和語言，以被周圍隔離的形態，獲得完整保持。

在南方遭到異端對待，紛爭不絕的客家人，不久後前往海外，成爲華僑的人是愈來愈多，但是，他們在異國也被異端視之。

「哼，原來是客家人。」

☆家是因自衛而存在

客家人在山岳地帶，在能居住數百人，名稱爲「圍屋」的集合住宅裡，以大家族方式共同生活。該「圍屋」有方形、圓形、半圓形等各種形態，以圍繞奉祀祖先神的「上堂」爲中心的建築模式，讓人連想到古時代的中國建築樣式。

一般爲方形的「圍屋」，在廣東省或香港也都是方形；但是，在福建省卻可見到圓形的「圍屋」，這稱爲「圓樓」，平均直徑約一百公尺，牆壁高度是十五公尺，所以非常壯大。夏涼冬暖。

第五章會有詳述，「圍屋」是住居本身成爲堅固要塞。

和周邊先住民的爭戰有多激烈呢？——沒有比這種建築更適合表現客家的悲淒歷史。尤其位於廣東省平野部的「圍屋」，因防衛上的理由，完全像城堡形態，固若金湯的說詞一點也不爲過。

據傳，明代的倭寇對「圓樓」一向是避開而通過。

依據台灣發行的『漢聲』雜誌，可略窺在「圓樓」生活的現在客家人生活。

『漢聲』，曾走訪數個「圓樓」集中的福建省華安縣仙都郡大地村的客家村，據說總計調查七十二座「圓樓」，因此無一報告可出其右。

引述如下：

「走向圓樓的入口，宛如進入古代的時光隧道。發現我們的長老大叫『闖入者！』瞬間樓內人們的活動完全中止。可是說明情況後，人們的容顏立即轉爲溫和。

此時正值木薯（樹薯。食用其澱粉，或作爲飼料）的收穫季，將掘回的樹薯磨碎，絞去水分，散置於平的竹篩上，再以天日乾燥的作業，是一族人總動員合作。男孩洗淨木薯的泥土，女子用布絞去水氣，母親從井裡汲水，奶奶是將木薯散放在平的竹篩上。眾人動作迅速，合作精神拔群。

傳聞，該圓樓建於二百年以前，而其先祖也是過著相同的生活模式。

無論如何，女性的勤勞、奮勉，實在令人欽佩。從數十公尺深的井裡，使用舊式汲水桶汲水，也是女性的工作。

『肚子餓嗎？』有人問我們。

連接於福建省武夷山東麓而建的「圓樓」。傳聞，這是建於明代

時間已是上午十一時了。

『好餓！』聞言的他們，便熱情款待我們和一族人共進午餐。只是蒸過的番薯和鐵觀音茶的簡餐，可是親切的心意已滲入我們的胃腸裡。

翌日，我們向不同的場所走動。從窗外可看到客家的耕作地。誠如『耕至天』一言，連綿不斷的梯田是沿著陡峭的山峰直到頂上。觸目所及，風景十分優美；但是，想到耕者血、汗涔涔的辛勞工作，令人感覺必須在如此狹促又危險的土地上耕作嗎？

是爲了什麼目的……不禁想開口問個明白，可是這句話都是禁句。」可能任何人都有此疑問。

是爲了什麼目的……。『漢聲』的記者觀此爲禁句，可是本書卻想探明此疑問。

☆挑戰精神

中國的歷史，是戰亂和隨著人們南下的歷史。原本住在中原的漢民族集團南下，其子孫是客家人之說，是從十九世紀半左右迄今，可說是百年以上的論爭，可是在最近三十～四十年，該說已成定論。

傳聞從北方南下的漢民族之中，泰半是官僚或知識分子。

闡揚客家精神「勞苦、創業」的活力，可能是因過去擁有實力，保有受尊敬地位的強大自負而產生。

普通的華僑，擁有出外奮鬥賺錢返鄉的濃厚色彩，到達新土地之後，以稱爲「三刀」的「理髮、縫紉、廚師」之一開始工作。亦即，使用剃刀、剪刀、菜刀的「三刀」行商。這是隨時隨地可對應的擅長技術，可是客家卻不同。

由於是從無土地的山間部出外奮鬥。長男是繼承家業，可是次男、三男就不得不出外努力。在海外，尤其在東南亞地區並非單純出外做活而已，若未得到財富或成功，則將成爲「受歧視的猺家」。而且，和技術發達的沿海地區也不同，山中的「三刀」技術並不高超。

例如，日本開放港口時——。到橫濱或神戶的中國人，都是擁有使用「三刀」，或和船舶技術有關的人們。在船塢修理或塗漆等，在廣東或上海曾以西洋人為對象行商的人們。

但是，客家無此經驗。

姚德勝此人物，是一八七八年出生的客家人。從廣東省的山地間出來。十九歲甲午戰爭剛結束後渡海到南洋。以馬來西亞的礦山勞動者為開始，在當時十分勤儉存錢，其後轉往馬來西亞怡保市從事小生意獲得成功。不久後返回礦山業，成為擁有員工三萬人（相當怡保市人口的五十七％）的礦山王。

聞名的胡文虎，是福建省出身的客家人。他所發明的虎標萬金油，在醫師匱乏的東南亞，對一切都有效用的萬金油，備受人們器重。

胡文虎的創業，造成巨萬之富。

苦勞之後，開始從事新事業得到成功，是客家人的典型範例。

不同於一般的華僑，客家人是經銷金製品的商人。在政情不穩定的東南亞等，人們不太信任紙幣。可立即兌換錢幣的黃金，才值得信任。開當舖或從事信貸業者頗多。東南亞華僑中，從事此業務的泰半是客家。在此之下，客家人互相成立一種同業公會。

這一點和猶太人十分類似。

在金融方面，是不需要什麼技術。只要有頭腦和體力即可。

在客家的精神上，也十分重視教育。這就是客家和其他中國人決定性的不同點。客家人在中國大陸的任何山間裡，都設有學校或私塾。在歷史上科舉上榜者多，是因會讀、寫，又會算盤之下前往城市，即可謀得相當好的職業。教育水平也非常高。尤其在女性最顯著。

現在的中國農村裡，是泰半婦女不識字的狀況，可是住在山中的客家人女性卻無人不識字。同時，以部落集團整體支援其教育系統（參照第五章「以際遇不佳爲踏石智取天下」）。

成爲軍人或警官的客家人多，也和不識字就無法就職有關。然而在備受歧視的環境裡生存，具有團結心，又勇敢的客家氣質，也適合擔任軍人或警官。

馬來西亞的軍人、警官，以客家人居多而聞名。在沙巴、沙勞越等的東馬來西亞，軍人、警官約六成是客家人，一位名叫陳平的客家人，在北京的支持之下，率領馬來西亞共產黨進行游擊活動。然而鎮壓陳平者，是警察野戰軍的老大洪碧進總監，事實上洪也是客家人。

馬來西亞雖和支援游擊隊的中國斷絕邦交，但是，客家的鄧小平在中國打出開放政策的同時，游擊隊便自動退出。雖發生如此情況，但是和現在仍然無法鏟平共產游擊隊的鄰近的泰國相比，擁有客家人警察野戰軍的馬來西亞能徹底潰滅共產軍，主要原因還是客家的勇敢。

☆從被迫害中產生的自信

勇敢的背後，存在著重文也重武的客家氣息。獎勵「崇文尙武」，和任何村落都設有學校或私塾，同樣都有「拳館」，教導太極拳和空手道。他們會成爲普通中國人不想當的革命家或軍人，其要素也是在此。

不過，在背後也會產生勾結。向軍方、警察或金融業進軍的客家，會互相勾結。沒有比和政府當局掛勾的生意，更能賺錢。

以此來看，客家在東南亞成爲人們嫌惡對象的事態也浮出抬面，這是屬於猶太人性質。

同時，成功的客家人是雇用客家人。後進者就是倚賴成功的前輩發跡。當然，其他中國人的這種傾向也很強烈，不過以客家特別強。對故鄉必有回饋、照應。東南亞的礦山勞工、橡膠工人中客家居多，也是此因所致。這正反映有強度的團結心。

在此之下繁榮的客家，比普通的中國人更加重視祖先。重視「族譜」，也嚴守家訓。謹戒博弈和嫖妓，客家存在許多嚴厲的家訓，這就是在迫害中家族依舊不滅的一種智慧。

現在，在極腐敗的中國共產黨幹部中，屬於客家人的鄧小平嗜好橋牌，但不曾有過任何誹聞，是一位清廉的政治家，此乃客家精神使然。

重視「族譜」，成爲被迫害人們的身分依據，猶如「平民貴族」的榮耀心，此榮耀心成爲克服困境時的原動力。

☆高操的愛國心

屬於中原漢民族子孫的強烈榮耀心，直接衍生爲強烈的愛國心。

在南宋末期和元對戰的文天祥，也是客家人（有關人物，於第四章「客家英傑列傳」作詳述）。

在明末清初的鄭成功之戰中，有眾多客家人參加。鄭成功軍的客家人，在戰敗後轉入台灣或大陸的山中，於清朝主政時代之間，始終倡言滅滿興漢。其改變爲天地會或三合會等秘密結社的形態。

同樣企圖翻覆清朝天下，但失敗亡命日本的朱舜水，也是客家人。

在清朝末期興起太平天國之亂的洪秀全，也是廣東省的客家人。而在太平天國的幹部中，有眾多團結共存亡的伙伴「死黨」客家人，同時在秘密結社上也十分活躍。

後世，尤其文化大革命的四人幫時代，太平天國再廣受到褒揚。其理由是，太平天國時代的女性和男性完全對等。洪秀全之妹洪宣嬌率領女性部隊，獲得豐碩戰果。女生同樣可參加科舉。受政治方面冷落的毛澤東夫人江青，注意到這一點而再度褒揚太平天國。

同時，斷然燒燬英國鴉片的鴉片戰爭，當時的欽差大臣林則徐，也是客家人，而呼應其呼籲在香港附近參與對英戰爭的民兵組織裡，也有眾多的客家人。

不僅如此，在甲午戰爭之後，因反抗清朝割讓台灣給予日本而成立「台灣民主國」時，有許多的台灣客家參加。

揭竿發起辛亥革命，推翻清朝的孫文，也是客家人。其妻宋慶齡、其妹蔣介石之妻宋美齡，都是客家人。同時，協助孫文的廖仲鎧夫人，何香凝也是客家人（二人之子，是爲中日友好而活躍的廖承志）。

踏破一萬二千五百公里的中國共產黨長征。參加此長征的幹部中，約五分之一是客家人。這也是當然之事，因爲從瑞金出發至陝西省之革命根據地的第一方面軍長征路線，是廣東、廣西、貴州、四川……等客家眾多的省分，同時爲躲避國民黨攻擊的共產黨軍，是通過山岳地帶，因而吸收許多的客家人。長征幹部之中，包括鄧小平、葉劍英、朱德、徐海東、廖承志等主要人物。

如此般不勝枚舉——至於以不會成爲「阿Q」這一點來看，和其他中國人不同的客家人，凡在重要時刻就會喚醒中國人的愛國心，這確實是歷史的諷刺。

次章開始，將轉入客家的「反擊」話題。

第二章 「客家王國」廣東省的獨行

歸來兮「中原」——搖撼北京的「外來者」悲念

擁有深圳、珠海、汕頭等三個經濟特別區、鄰接香港的廣東省——。

再者，

擁有廈門經濟特別區的福建省——。

現在，此二省形成華南經濟圈，完全漠視北京中央的意向而獨行。

以日本人的情況作比喻，宛如薩摩藩對應江戶時代的幕府，說是已有獨立國樣相是絕不爲過。

☆政治之北京、海外窗口之廣東

處於大穀倉地帶，以經濟富裕遙遙領先其他地域的廣東。其反北京的姿態，可說儼然已是華南人的精神性習性。同時，由此習性飄揚的獨行氣氛非常強。例如在廣東，國營百貨公司或公務員，不會採用只說北京語的人員。

其背景，可回溯至古來傳襲的歷史。

從北方的北京一路南下，越過聳立於廣東北部的南嶺山地，便抵達廣東。依歷史性而言，這是流謫之地，也是百越（多種異民族）之地，完全呈現另一國度的樣相。

廣東是，——越過山岳後的國度……。

稱爲「越（粵）國。

同時，廣東也被稱爲——「南大門」。

意味向南方大開門窗。直至近代香港發展爲今日局面的很久以前的唐朝時代，廣東一直是對外貿易的據點。

向海外開放的地域，不僅成爲引進新氣運的窗口，而且把該地域的人送出海外。亦即，廣東是華僑之鄉。

朝向海外的傳統性姿態，產生又培育和保守性的北方人完全迴異的人們。同時，其山岳地帶是客家的居住地域，因此廣東省也是客家之鄉。

和「政治的北京」相對的「經濟的上海」，和「海外窗口的廣東」一詞，在中國是古來就一直被傳承的關鍵語。此乃表示有很大的意識差距。同時，現在廣東人和東南亞華僑的有機性交流依舊強固。

在中國，外來語皆由廣東進入，而且先以廣東語流布。其例如 Taxi，廣東表記爲「的士」，其實這是廣東語（北京是將英語的 Taximeter cabriolot 直譯爲「計程車」）。bus 是「巴士」，也落實爲廣東語（同字在北京稱作「公共汽車」）。

☆絕不反叛伙伴

在此，要回顧一位英雄的生涯。

因爲，該人物過去在廣東蒔種，現在已大步成長爲華南經濟圈。

葉劍英——中國十大元帥之一。

他是中國英雄軍人，同時也是客家人的英雄。

一八九七年出生於廣東省梅縣（現在的梅州市）的丙村雁洋堡。傳聞其家系有數代從事南洋交易。亦即屬於客家，且一族中的華僑輩出。

葉劍英本身，幼小時被父親帶往新加坡。其後，也延伸足跡到法領印度支那的越南。

他在名爲雲南講武堂的士官學校就讀，於十九歲畢業。朱德爲其學長，朱德也是客家人。

出於同校之「自家人」的伙伴意識，其後一直影響其生涯。

就任中山縣縣長，梅縣縣長之務後，一九二六年，呼應客家人孫文的呼籲，從廣東參加北伐。一九二四年，就任設立於廣州外海黃埔島之黃埔軍官學校的教授部副主任一職。後來該黃埔軍官學校的出身者，對中國堪稱扭轉乾坤，當時校長是蔣介石，政治教官汪兆銘、政治部主任周恩來等，可說冠蓋如雲。郭沫若也曾擔任政治軍官。同時，林彪是第一屆生，因此，可說林彪是葉劍英的學生。

在此時，葉劍英秘密加入中國共產黨。

然而在北伐中的一九二七年八月一日，擔任北伐軍第四軍參謀長的葉劍英，發動後來被稱爲「八一起義」的南昌起義。現在，八月一日是被定爲人民解放軍的建軍紀念日。

他是起義時的實際負責者，由此可知葉在中華人民共和國中被崇拜為軍方英雄的事實。

其後，隨著周恩來參加紅軍設立。同時，前往蘇聯留學。在於對抗蔣介石率領之國民黨軍的中國共產黨根據地，江西蘇維埃區的端金，就任工農紅軍學校校長。長征時，也擔任中央縱隊參謀長之務。

長征至延安後，於一九三六年的西安事件（反抗蔣介石之張學良等人，將蔣監禁）之際，釋放蔣，使第二次國共合作成功的功勞者之一。解決西安事件的表面上功勞者，是周恩來。可是，葉劍英依其軍事力始終支援在黃埔軍官學校時代的上司周恩來。

在此表現了客家「長幼有序」「不反叛伙伴」的特長。

此聯繫關係一直持續到後代。周恩來在文化大革命中雖遭四人幫強力壓迫，然而始終未倒，一直維持「不倒翁」之名，這也是在葉劍英及其軍事力的支撐所造成。

抗日或戰爭時，葉劍英擔任八路軍的第十八集團軍總參謀長，國民革命軍第八路軍（後來的人民解放軍）參謀長。至於當時的八路軍總司令官，是和葉同為廣東省梅縣祖地的客家人——朱德。

抗日戰勝利後，葉就任人民革命軍軍事委員會副總參謀長（總參謀長是毛澤東）。國共內戰開始，一九四九年，共產黨為了對國民黨軍採取大攻勢，於是渡長江（楊子江）南下。葉劍英任第四野戰軍的副司令官（司令官是林彪）進軍，八月占據湖南，十月佔領廣東等各省。一面吸收眾多的客家人，一面向海南島進擊。

然後，葉劍英便就任廣東軍區司令官兼政治委員。

☆握軍權者制霸天下

一九四九年十月一日——

中華人民共和國建國。

葉劍英擔任廣東軍管區首席、廣東省人民政府主席、廣州市長。在十二月，就任中南軍政委員會副主席（主席是林彪）。至此，葉已掌握中南（廣東、湖南、廣西各省）的軍、政治、黨。

一九五五年返回中央，升爲元帥的葉劍英，成爲軍方之老，擔任重鎭角色。在建國的時點，確實已掌握廣東、湖南、廣西等自己的出身母體，使第四野戰軍系＝亦即葉劍英系的勢力紮根，對往後其影響力行使具有重大意義。

在文化大革命中，就黨的政治局常務委員、黨第一副主席、黨中央軍事委員會副主席（主席是，可能被四人幫暗殺的朱德）之座，葉只掌握軍隊，然後擔任全人代常務委員長，在當時的名目上，是國家元首。

一九七六年九月九日，毛澤東逝世後，其夫人江青等「四人幫」即刻想掌握實權。於是逮捕被認爲可能是毛澤東指定爲後繼者的華國鋒，以及軍事委員會副主席的葉劍英，使他們塌台。

可是，搶先動作的是葉劍英。了解「四人幫」爲逮捕自己而要求出動戰車部隊的葉，命令其部隊復歸原隊，和華國鋒相談後，反而逮捕「四人幫」。即，成功的「無血政變」。

在此時期，被「四人幫」烙上「修正主義者」，遭致第三次塌台之憂的鄧小平，從北京潛逃廣東省，藏匿於許世友擔任司令官的廣州軍區裡。許世友雖非客家人，但原本是擁有反毛澤東派歷史的紅四方面軍系軍人，同時在廣州軍區信奉葉劍英的客家人眾多，因此連「四人幫」也畏於出手。

其後，鄧小平又第三次復活，和鄧是從八路軍以來的戰友，又同樣是客家人的葉劍英，持續支持他，除軍務以外，絕不插口。

如此之下，鄧小平時代便持續下來。

在中國，掌軍權者即掌握權力。本來，人民解放軍應當歸屬北京的中央政府；但是，在「人治」之國，中國卻不盡然。軍，會成為各地有力者的軍隊。這不是前近代、近代才有的現象，連現代也是如此。

得到為葉劍英擁有之軍隊強力支持的鄧小平，也因此才得以掌握中華人民共和國的實權。

強力支持鄧小平的葉劍英，在其晚年，引退回歸故鄉廣東省梅縣。

然而，他以自派系的人材（客家系及葉系人材）確因廣東省政府和廣州軍區，建造葉王國，亦即客家王國。這使北京束手無策，以日本歷史作比喻，等於是回到鹿兒島的西鄉隆盛。

——獨立王國。

然而，此客家王國一直被繼承至今，始終繁榮不衰。

☆與北京對決姿態強硬的廣東省

一九八九年，九十二歲的葉劍英在梅縣去世，繼承其跡的是其長男葉選平。他在九一年五月擔任廣東省長，現在是全國政治協商會議副主席。同時，是廣東省共產黨委員會書記。

由於如此，才產生領導中國的經濟特別區構想。

擁有深圳、廈門等二個經濟特別區的華南經濟圈，推行和北京分離而獨立的引進外資計畫，和台灣、香港、新加坡等國家合作，極欲建造一大華人經濟區。

至於台灣的李登輝前總統，也是客家人，新加坡的領導者李光耀是前總理（現爲資政），其子李顯龍副總理、吳慶瑞前第一副總理、吳作棟總理等，都是客家人。

葉劍英（右）和葉選平（左）父子

華南、台灣、新加坡的客家聯絡網路，也促進華南經濟圈的獨行模樣。

北京中央的李鵬（他也是客家人）。江澤民體制，是在策畫從華南排除葉系的勢力。

而在一九九一年三月，任命廣東省長葉選平爲全國政治協商會議副主席——相當於日本的參議院副議長——正象徵中央的企圖。

亦即，呼喚葉前往中央，使其脫離廣東，而封鎖華南獨立的動向。

可是，葉選平雖接受全國政治協商會議副主席之職，然而卻不想從廣東省長和廣東省共產黨委員會書記的椅子上下來

（廣東省長之座，是在就任全國政治協商會議副主席的二個月後，讓給部下朱森林）。而其生活的根本據地，仍然在廣東省。

在一九九一年一月，廣東省共產黨中央委員會總會選出謝非（廣東系客家人），為廣東省共產黨組織最高負責者的省共產黨第一書記。謝非，當然也是葉劍英系的人物。廣東省，不讓北京中央派人來負責，而是以自派系的人就黨第一書記之座，這讓和北京的對決姿態更加鮮明。

☆中國最強「廣州軍區」的集團軍

誠如上述，無視北京中央的華南經濟圈獨行，主要是仰賴軍隊而坐大。假設現在李鵬、江澤民體制的北京，派遣軍隊到華南經濟圈，則勢必和廣州軍區擦火發生內戰。

——故葉劍英深深紮根的第四野戰軍系的廣州軍區。這是客家人多的部隊。

據推定，中國人民解放軍全部約三百萬人。空軍約四十七萬人，海軍約二十六萬人，剩餘的約二百三十萬人是陸軍。此二百三十萬人以三十萬～四十萬人分

天安門事件前的學生，要求民主化的示威活動（1989年5月14日）

布於七個軍區（北京、瀋陽、蘭州、濟南、南京、成都、廣州）。

構成廣州軍區的是，第四十一軍和第四十二軍，配置在廣東、海南、湖南、湖北的四個省軍區和廣西壯族自治區。

雖是如此，但一九八九年六月四日凌晨，天安門事件之際，廣州軍區並未出動。

李鵬的北京政府，爲了壓制天安門廣場而向軍方下達出動命令；可是，廣州的第四十一軍、第四十二軍卻拒絕出動。

因爲對華南而言，民主化是絕對必要條件。

雖被命令出動鎭壓民主化活動，但回答「NO」是必然。何況，擁有輝煌戰歷的勇士，焉能作為北京李鵬的擋箭牌？

第四十一軍、第四十二軍。過去是由葉劍英培育茁壯的軍隊。擁有從紅軍時代以抗日戰爭、國共內戰等，和英雄葉劍英共患難，過著革命戰爭日子的傳統的葉系、客家系部隊。尤其第四十二軍，在抗美援朝戰爭（韓戰）、中越（中國VS.越南）戰爭也立下赫赫武勳的精銳部隊。在實戰時，當然會有軍人戰亡。而其補充，當然由當地人遞補。

然而這二個集團軍，並未變更駐屯地。始終盤據原來的地方。因此，儼然成為比軍閥等更強力的存在。

一九九〇年，北京中央將廣州軍區的司令官異動到其他軍區，而派遣瀋陽軍區司令官至此強化統制。可是僅僅變更上層司令官的程度，是不可能統治中央人事權難及的採用當地人的軍人。

依血緣、地緣所錄用的軍人，若未調動全部的軍人，那麼也全都是廣州軍區的人，所以該軍區的團結是相當強固。

——揭紅旗、擊紅旗。

誠如此言的象徵，在中國，人們會對不討自己喜歡的對方，佯裝協助他，然而卻從後面打鎗！攻擊是極普通的行徑，因此司令官若未妥當對應屬下，則可能有取命之虞。

例如，亟欲擊垮林彪之際，毛澤東所使用的手法是，對林彪說：「你來北京」「讓你擔任副主席」「讓你擔任我的繼承者」。藉此讓他離開廣州的部隊（林彪的第四野戰軍的系譜）。而在林彪墜死事件後的一掃殘黨之際，毛將廣州的司令官、參謀長等林彪派的一切軍上層部，和其部下切離，喚來北京，一網打盡。

這稱為「調虎離山計」。

山中老虎，難以緝捕。可是，使用計謀使其下平原，則隨時可逮捕。

如同「皇帝」毛澤東不玩弄這一類手段就不行的情形，北京是相當畏懼南方的。

此時，對林彪事件反彈，成為反北京感情卻深深籠罩廣州軍區。

何況在天安門事件時，豈會出動——。焉能成為北京那些人的擋箭牌？

當時的李鵬可能想用「以夷制夷」方式，讓華南的軍人鎮壓學生，因此希望第四十一軍、第四十二軍，以中國最強部隊之力徹底鎮壓首都。如此一來，學生的恨就會由北京轉向華南。

可是，事情絕不單純。

中央的李鵬、江澤民體制，無法將戰車部隊配置在長江（揚子江）南方的理由，也是在此。

倘若配置在那裡，他們會非常恐懼而無法在中南海（政府機關的所在地兼要人的居住區）安眠。

日本人觀看中國的眼光，雖然只以「保守派」和「改革派」來分別，但事實上並不單純。

客家網路——支援華南經濟圈的客家系華僑

☆在經濟發展上，不可或缺民主化

如同曾掩護三次塌台的鄧小平一般，廣州軍區也掩護被質問天安門事件責任的前總理趙紫陽於軍區內。

由於如此，導致在一九九〇年十二月底的第十三屆七中全會上，也無法決定對趙紫陽的處分。

趙紫陽雖非客家人，但是擁有從新中國成立後的二十五年間於廣東省任職的經歷。擔任中南局（廣東、湖南、廣西）書記，也是廣州軍區的政治委員。加上，和葉選平有近四十年的交流（趙紫陽在一九七六年擔任四川省共產黨委員會第一書記、成都軍區第一政治委員而調往四川省，然而卻使廣東—四川的客家聯繫更緊密，後來受到客家人鄧小平拔擢，登上中央政界）。

對客家人而言，趙紫陽此人物，已進入客家的「內部」，成爲伙伴＝「自家人」身分，一旦加入伙伴行列，就不會背叛爲客家人本質。

因此，北京始終無法肅清趙紫陽。若欲肅清，廣東勢必不會緘默。必定遭致廣州軍區的大反彈。隨即可能會產生反北京政變。

因客家人的網路被掩護於廣州軍區的趙紫陽，成爲廣東省長（當時）葉選平的開放政策顧問。在中央陷入挫折傾向的開放政策，卻在華南經濟區順暢進行，其背景正是在此。

以客家世界來談趙紫陽的問題，其實他的場台並非背叛鄧小平所致。他是在鄧小平之下擔任過總理、黨書記之務，但是在民主化風暴中過於大意，以鄧小平的立場公開發言使然。

因忽視「長幼有序」，才導致塌台。

天安門廣場被制壓後，廣州軍區也掩護吾爾開希等民主化運動的學生領導者，協助他們逃往海外。

在此事件前，鮑彤（中央政治體制改革研究室主任），芮杏文（中央書記處書記）等的趙紫陽智囊團，也受到葉選平廣東省長的奧援。如同前述，中國的民主化在華南是必要的。

隨著民主化運動的波浪高漲，已預想會遭到保守派反擊的趙紫陽，要求葉選平協助，準備數十本廣東省公安部發行的逃亡用護照。這些是分給趙紫陽智囊團和北京高校自治聯合（高校，是指大學、專門學校）幹部。

同時，擔任國務委員的葉選平姊夫（葉劍英女婿）鄒家華（現副總理，廣東系客家人），在事前就洩漏彈壓情報給他們……。

如此般，在葉選平、鄒家華的客家網路之下，民主化運動家從北京逃到廣東，被掩護在廣州軍區，再經由香港逃往海外。

☆凌駕菲律賓、泰國的深圳經濟特區

如前述的狀況下，不敢染指華南的上海系李鵬、江澤民體制，以第八次五年計畫（一九九一～一九九五年）的重點國家建設，發表「上海・浦東（黃浦江之東岸）開發」，戮力其發展。

其實，可說這已成爲華南和上海的中國經濟主導權之爭奪戰。

然而，無視北京的華南，和香港、李登輝的台灣、李光耀、吳作棟的新加坡華僑，以客家網路連結合作。

現實上，港幣的總流通量約六成，是在廣東、福建省的華南經濟圈流通。在華南經濟圈通用的其他貨幣，尚有美元和日幣，而人民幣等則處於如同廢紙的狀態。

同時，廣東、福建省之ＧＮＰ（國民總生產）的合計，約一千二百億美元（一九九三年度）。該年的中國整體ＧＮＰ是四千億美元，此乃意味華南經濟圈佔了中國整體ＧＮＰ的約三成。假若加上香港和台灣ＧＮＰ，則高達四千二百億美元。等於和中國整體的ＧＮＰ相匹敵的金額。

一九八九年，是中國因天安門事件導致政治、經濟都陷入大混亂之年，中國整體的經濟成長率仍有年平均百分之六，但廣東省卻擁有百分之十三的高率。以來，便持續維持二位數成長。

坊間悄悄流布「東西南北中　發財在廣東」一詞，是始於一九八九年。所謂「發財」，是意味賺錢。亦即如果想在幅員廣大的中國賺錢，就在廣東——的流行語。

眾多的人群湧向廣東。最初是從四川。然後從湖南、湖北、廣西、江西等，開始不斷流入人口。

此乃「盲流」。在多的時候，一日有一萬六千人，他們、她們，若是運氣佳，則可成爲被叫做「外地工」的勞工；但其餘的人在求職不成之下，鎭日徘徊街頭。福建也處在同樣的事態，因此治安等社會問題益發深刻化。該現象仍持續迄今。

這就是華南經濟圈所存在的陰影部分。

日本人，前往中國觀光旅遊時，充其量只到北京，有時則以上海爲中心四處繞繞，至於廣東、福建省等的華南地區，則視爲中國的鄕村野舍；但事實上，「另一個中國」是存在於大陸南方，和成爲無邊界的海外，十分活躍，向未來不斷發展中。

以下介紹，展現廣東省經濟發展是多麼急速的數字。

一九七八年，佔全國第七位的廣東省GDP（國內總生產），至八九年一躍爲最高位，在九〇年，每人平均GDP是全國平均的一·五倍。試觀八五～九〇年的GDP年平均成長率，全國平均只不過是百分之七·八六，而廣東省卻高達百分之十二·五二，確實令人驚愕。

至於深圳經濟特區的每人平均GNP（一九八八年。由於欠缺GDP資料，因此使用GNP），和東南亞諸國比較，菲律賓是六百美元、泰國八百美元，但深圳是一千一百八十四美元，已超過這二國的水準。

☆泰國、印尼的客家系財閥

華南經濟圈的成長，和二個客家系華僑集團有關係。

一是，泰國的曼谷銀行集團。

另一是，印尼的沙利姆集團。

曼谷銀行集團是泰國最大的財閥，率領該集團的是，廣東系客家陳有漢。

曼谷銀行，是東南亞最大的民間商業銀行，總資產二百七十一億美元（一九九三年），被定位爲世界三百大銀行之一。在世界的主要都市都設有分店，進行世界性的金融活動，其中台北分行、香港分行，以及和北京代表部之間的管道，成爲中國大陸經濟活動的主要匯款、金融路線。

陳有漢，是創業者陳弼臣之子。廣東省出身的陳弼臣，於一九四四年和十位商人共同創辦曼谷銀行，和泰國的經濟發展同行，該行也一起成長。陳有漢在大陸父親的故鄉完成中小學教育後，轉往香港和英國的大學就讀。現在，依泰國國王的敕命，擔任泰國上院議員。

泰國是以反共爲國是。因此，曼谷銀行和中國的正式關係，是一九八〇年代中以來之事。過去，曼谷銀行香港分行（一九五四年開設）成爲和大陸間的窗口，可是從華南經濟圈開始啓動的一九八九年以來，爲香港分行子公司的香港商業銀行（董事長是陳有漢胞兄，陳有慶）負責和大陸交涉。一九九〇年於深圳經濟特區開設代表事務以來，向大陸各地申請開設分行。

對於和曼谷銀行、香港商業銀行一起向華南經濟圈進軍的台灣系企業，也進行多額的融資事實，頗引人注目。

另一方面的印尼沙姆，是以亞洲中央銀行爲中心的印尼最大財閥，也不斷成長爲華僑最大的財閥。會長是福建系客家人的林紹良（取得印尼國籍，印尼姓名爲斯得諾沙尼慕）。

印尼政府是從一九八〇年代開始採取歡迎外資政策。即廢止限制外匯。在此之下，印尼華僑對東南亞、香港、華南經濟圈的投資一舉活絡化起來。印尼的華人只佔全人口的百分之三，可是該國經濟活動的百分之八十由他們掌握，加上由客家系支配泰半的主要財閥爲實情。

然後在一九九〇年，中國和印尼恢復邦交。

因一九六五年九月三十日的「九・三〇事件」（斯卡諾政權當時的印尼共產黨＝ＰＫＩ和軍隊衝突之事件。ＰＫＩ是中國共產黨支持派佔多數，華人也以數萬人規模參加。該事件的結局，ＰＫＩ瓦解，但傳聞包括黨員，辛巴的數十萬人遭虐殺），使過去中國、印尼間事實上處於斷交狀態。

因爲恢復邦交，使林紹良對海外投資意欲炙熱的條件業已整備。

尤其對於亟欲進軍福建省，廈門經濟特區的台灣財閥，福建系客家人的林紹良更積極給予資金援助。

☆邁向「諸侯經濟」時代

對華南經濟圈而言，是不要中央的政治。

因爲「皇帝」鄧小平自己也說，「賺錢是好事」。在社會主義市場經濟的形態下，僅維持中國共產黨的獨裁體制，華南經濟圈是專心一意在賺錢上。

但西方學者卻認爲，「相互矛盾的體制下，焉能付諸實行？」殊不知，這正是中國特有的性格，對中國人而言是可能的。

事實上，海外華僑誰也不反對社會主義市場經濟。反而判斷爲存在更多的賺錢機會，因此更積極進軍是自不待言。

廣東、福建省，不僅是客家的出身地，也是眾多華僑的出身地。據說，在華南經濟圈裡，五家公司中有四家是華僑的親族。

華僑的投資集中於華南經濟圈，也是當然的歸屬。

「衣錦還鄉」是他們的最高榮譽，無論台灣、新加坡、印尼，到異國行商多多少少都會發生問題。節節上升的人事費或政治的不穩定，都會產生問題。某日，政治風向球突然改變，縱然富可敵國的華僑，其財產也會有變成烏有的可能性。

考慮分散危機的觀點，當然會向美國進軍，可是向出身地的中國大陸進軍，卻有更大意義。

華僑不僅將投資視爲經濟活動之一，而且有更重視和投資對象密切關係的傾向。例如在自己的出身地投資，設置工廠或飯店等，雇用當地的親族和同鄉者，擔任經理或員工等。

事實上，是有廣東出身的華僑只向廣東省，福建出身的華僑只向福建省投資的傾向。話雖如此，但華南未分離爲廣東和福建二個經濟圈，是跨躍此兩省廣泛分布的客家使然。

可是，不會只因對故鄉的感情而行動，也是中國人特有的。正因爲會賺錢，才向大陸投資。在大陸方面，也對外資設定免稅等優待的歡迎政策。

現在來看海外對華南經濟圈的投資狀況。

廣東省的深圳經濟特區和福建省的廈門經濟特區的工廠總生產額當中，外資

在深圳的街角，可看到描繪促進經劑改革的鄧小平看板……

系企業的市場占有率，在深圳占百分之六八・二，廈門占百分之五三・八。這些的海外投資中，由台灣、香港、新加坡等華僑投資占很大比率。

依據廣東省統計局的『統計年鑑』（一九九二年版），一九九一年台灣和廣東、福建省的契約額高達七億六千美元。根據台灣經濟部發表的數字，直至一九九一年三月底的投資額，已累計六億六千萬美元（累計二千五百家公司）。

來自香港、新加坡的投資也相當活絡，香港累計二十五億美元，新加坡累計四億美元的數字。

由此可知，台灣、香港、新加坡是多

麼重視華南經濟圈。依據廣東省人民政府的發表，「一九九一年至九五年之間，從海外對華南經濟圈的投資，預測會超過合計一百二十億美元」。

此外，從國內其他省對華南經濟圈的投資，也有一百一十億美元程度，因此合計會達到二百三十億美元。前述的上海浦東開發計畫，是合計國內、海外的投資達一百億美元。因此，華南經濟圈比重點國家計畫足足大了二倍的規模。

同時，廣東的企業也積極在香港設立和華僑合資的公司等，作為賺錢之道。廣東的企業在廣東設立公司，是屬於國內企業，所以稅金高昂。但設置在香港，現在仍然屬於外國，被視為「外資」，因此可獲得稅金優惠的待遇。同時和華僑的合資，當然會更理想。

誠如上述，華南、香港、台灣在政治上是不同的國家、地域，可是在經濟上儼然是無國境存在的關係。

加上，廣東、福建兩省，不僅在經濟上，在文化上也不曾怠忽吸引華僑眼光朝向大陸的努力。

一九九〇年，廣東省在廣州市設立「孫中山基金會」。目的在於以不論共產黨或國民黨，均廣大受到中國人尊敬的「國父」孫文的出身地——中山縣來吸引華僑的目光，陸續舉辦國際研討會或開設孫中山國際研究中心等，以成爲孫文研究之中心爲目標。同年，在福建省的武夷山朱子研究中心舉辦「朱子誕生八百六十周年國際研討會」。

其後有詳述，孫文和朱子（朱熹）均爲客家人。廣東、福建兩省也認可華僑，台灣學生免試就讀省立大學，或促進海外中國人自由參拜媽祖。

九四年三月的全國人民代表大會上，企畫分食地方徵收的稅金，但地方聞訊堅不首肯，而且華南是主張分稅制度，更不讓步。徵稅權應該由何者掌握？在過去，因北京勢力強大，使地方不得不聽從中央之言。

但是，現在中央的控制構不著地方。

因此，其情況是和過去軍閥時代的中國相似。

既然擁有財源，則以華南面來看，儼然成爲獨立國。不僅經濟獨立，同時擁有堪稱「獨自」程度，在中央控制之外的軍隊。亦即對於北京已經是資本主義國家，事實上呈分離獨立狀態。在中國稱此爲「諸侯經濟」。

亦即各省想成爲如過去日本的「藩」。難認定北京的權威，但賺錢可自己獨立進行。

☆「北上」的客家能量

試觀中華人民共和國的過去歷史，首先是由湖南省人毛澤東取得天下。然後覺悟到死期將近的毛澤東，希望由同是湖南人的華國鋒繼承天下。

可是，毛死後，湖南人天下的最後時期，實際上把華國鋒拉引上來的原動力是葉劍英，同時華國鋒之後的天下，是被客家人鄧小平掌握，即天下是由湖南人轉移到客家人。

再看看中國的近代史，客家會浮出舞台可說是當然的歸結。

邁入十九世紀後，遭致外國的威脅，使強大的中國封建社會也開始出現破綻。革命與戰爭的時代，是客家的時代。

「好鐵不打釘，好男不當兵」，恰好與此中國諺語相反，客家人是積極成爲軍人。革命原本就是一擲乾坤的行動，非輸即贏的賭注。會以自己生命賭注那樣的風險，正是客家人的作風。即使他們想成爲『阿Q正傳』的阿Q，也無法勝任。客家人是不會爲自己辯解而採取行動。

率領「太平天國」的洪秀全，以及在辛亥革命推翻滿清的孫文，都是在中國變革的巨大洪流中，常可見到的客家人姿影。其系譜，是由朱德、葉劍英，傳至鄧小平。

近代變革的震源地，是在向海外大開門扉的南方。變革的風暴常由此開始。中國的歷史，是由北向南移動的「南下」歷史，可是，邁入十九世紀後，都反而是由南向北的「北上」歷史。

首先是湖南人的毛澤東北上北京。接著，是華南的客家人北上。現在，則是鄧小平的天下。

繼支配北京的鄧小平之後，稱爲華僑的「外流」客家，開始「內流」；同時，以廣東、福建省爲根據地，繼續「北上」。

二十一世紀，可說是客家時代的來臨。

☆發動「振興中華」

在此，來預見中國的將來像。

中國是由客家人鄧小平擔任領導者，而鄧小平在政治力上最顯眼的一點，是去除共產黨政權獨裁的被害，維持國家的秩序、維持體制。

這可說是鄧小平的最大功績。

縱然讓共產主義的經濟系統霧散，也要斷然瓦解企圖顛覆中國國家體制的動向，亦即擁有強大求心力，對於企圖分裂國家的離心力，以斷然的態度加以阻止。

然後，降下共產主義的看板，爲鄧小平之中國共產黨使用的，是稱爲「振興中華」。

這是意義極含糊的口號。是意味大力振興中華文化，而這成爲讀取今後中國的重大啓示。

總之，這是指希望「中華天下」復活。這不只是客家的思想，同時是刺激中國人國家主義的旗幟。

以歷史觀點來看，中國共產黨的獨裁體制，若將過去毛澤東的意識形態過剩稍加收斂，則和漢民族本來的統治體制無二致。以此意味來看，中國共產黨、中國國民黨是相同的。

在四千年的悠久歷史中，始於一九四九年所謂的「新中國」時代，可說是特殊的時代，也可說現代中國已恢復中國本來的統治體制。

以蘇聯的場合而言，共產主義、共產黨的互解，直接導致蘇聯邦的瓦解。可是中國，由於獲得客家人的領導者以稱爲「中華思想」的強大求心力，防範國家瓦解於未然。不使體制瓦解之下，在和平裡巧妙轉換體制。

依此向量的國家變動，可說是以「中華思想」作爲自己根本理念的客家族群成爲國家之中心。

其實，中國在擁有強大求心力時，即可順利統治。其關鍵在於長老支配和家父長制。依據最高權力者的意志推動事情的系統，在非常時期確實可發揮順利機能。

該長老支配和家父長制，是以「正統派・漢民族」自負的客家一直保有的系統。

以此意味來看，擁有眾多民意反映之合議制的民主主義，其效率並不理想。同時，無法消除不被採用之反對意見者的不滿。

其實，家父長制也會出現不滿；但是在非常事態上，其效率甚佳。同時，在保持中國政治體制上是最適合。這不是「法治」，而是「人治」使然。

因爲，中國人只要三餐無虞，則國家是共產主義或資本主義，都無所謂的民族。只要政府不干預努力賺錢的每一位大眾即可，因此，讓人們經濟活動自由的現在中國所進行的方式，是最理想的狀況。

「振興中華」，不僅可滿足中國人的民族榮耀心，同時是使經濟成長的絕佳王牌。

誠如鄧小平自身的宣言，「不會再回到意識形態的時代。」在此之下，中國即可安定。萬一又回到意識形態的時代，則投資的華僑會立即逃之夭夭。

就西方的概念而言，在此會質問「人權」問題，但事實上，中國人對此並不關心。因爲，只要收買彈壓的官員即可。

因此，只要繼續保有現在的體制，則鄧小平身亡後，中國還能繼續安定。依據現在的體制，是不可能再發生經濟性的大混亂。

同時，採取此體制的中國可加盟GATT（有關關稅和貿易的一般協定）。由於中國被組合於世界經濟的一環裡，因此會愈來愈穩定發展。

中國經濟雖能持續發展，但中國的GNP仍然只有日本GNP的八分之一程度。總和中國、台灣、香港，則佔世界GNP的百分之五。

中國，勢必更積極加入世界之波上。

可是，中國經濟若繼續以現在情況發展，則周邊的亞洲諸國唯恐趕不上參與其市場，而會愈接近中國市場，因此，可能會使異樣龐大市場登場。由此可說中國經濟的發展，可能會達到相當高的水準。

一九九七年，廣東省香港市——握香港於掌中的廣東軍

☆鄒家華為何能如此大躍進？

在此，我們要更詳細說明前文略提的人物——鄒家華。

廣東系客家人。父親曾是活躍於上海的新聞界聞人鄒韜奮。是葉劍英的女婿，葉選平的姊夫。同時，是向趙紫陽派走漏彈壓天安門事件情報的人物。

現在，是就副總理之座。以現在是誰操縱北京，將來就由誰支配中國的觀點來看中國時，真正受矚目的人物是鄒家華副總理。

然而，只需提到他就任副總理的始末，即可讀取北京和華南的攻防。

誠如前述，屬於葉系客家人的謝非擔任廣東省黨第一書記，是在一九九一年一月。廣東是不接納北京中央派遣的人物，而以自派的人物盤據省的黨魁。這可

和日本前總理海部會談的鄒家華（1990年1月）

說是華南方面的攻勢。然而同年三月，北京便召聘葉選平爲全國政治協商會議副主席。亦即，極盡所能設法將葉選平從華南抽離的中央反撲。

然而，鄒家華在該年四月八日舉行的第七屆全國人民代表大會第四次會議上，和朱鎔基一起被選爲副總理。

擔任副總理之前的鄒家華，只擔任國家計畫委員會主任。依照過去的習慣，擔任副總理之前要先經歷中央政治局委員（擔任副總理一年半後的九二年十月，才被選爲中央政治局委員）。只是擔任中央委員的鄒家華能如此大陸遷，其意義不可謂不大。

亦即，李鵬、江澤民體制的敗北。意味中央無力阻止廣東＝葉集團勢力在中央擴增。

鄒家華，於九四年春（四月二十七日～五月八日）訪問美國。

最近，使美中關係陷入死胡同的是美國。同年三月，美國國務卿克里斯多福訪問中國，不過在訪中之前，副助理國務卿夏克達（專責人權）在北京和民運人士魏京生接觸，引起中國方面強烈反彈，導致人權外交失敗。

同時美國經濟界，也十分畏懼失去中國大陸的巨大事業機會。加上中國的經濟實力愈來愈強，美國也無法一直和北京處在敵對關係。

其實中國對美國的輸出問題，並非由北京主導，而是由向中國進軍的台灣等華僑系企業對美輸出，而讓中國賺錢的。這不是由中國共產黨的企業所營運。

美國可說是陷入進退維谷的困境裡。柯林頓總統的短視政策，只會衍生爲中美關係的糾紛題材而已。這當然也受到美國議會裡的中國院外活動集團運動所影響，但仍以鄧小平打出稱爲經濟圈構想的客家戰略奏功爲現狀。

另一方面，北京也極力逮捕反政府分子，可說是對西方提出「勿介入國內問題」的一種警告、姿態。

九四年五月二日，鄒家華和美國方面首腦於白宮舉行會談。其後，鄒家華也積極會見美國財界人士。

然後在五月二十六日，美國決定和人權問題分離，繼續延期對中國的最惠國待遇（MFN）（同時發表今後將對人權改善和最惠國待遇更新採取分離方式），而雙方高峰間的會談決定是由鄒家華進行。最後，北京開始釋放民主化運動的領導者，雙方似乎有靠攏的傾向，這一切的安排均爲鄒家華所爲。

該場合裡，李鵬無法赴美，主因是他是天安門事件的彈壓者。因鄒家華的登場，使對美外交得以勝利。誠如上述，鄒家華的角色愈形重要，其存在感也愈增。

這主要是他擁有葉劍英的女婿、葉選平姊夫的強大立場。而其背後，有佔全中國GNP百分之三十的華南，尤其是廣東省和客家爲靠山。受到如此血統網路支撐的強大實力，是李鵬、江澤民無緣擁有。

對中國而言，鄒家華在最重要局面裡出現，是值得矚目的大事。

鄧小平亡故後，鄒家華成爲重要存在的人物，這是毋庸置疑的事實。

乍看之下，現在的鄒家華似乎是被隱藏於朱鎔基副總理的背後，但事實上朱鎔基是一種試情牡馬。將來的鄒家華必定浮出檯面。

朱鎔基雖是優秀的科技官員，可是沒有下最後決定的權力，其理由是，未具備充當權勢者的牢固權力者條件。

另一方面，李鵬只不過是對鄧小平唯唯諾諾的忠實關係之下，被安排爲總理一職而已。對鄧小平而言，若在對美關係狀況陷入困難的場合，就打算開除李鵬，以避免受到對中經濟制裁，但十分幸運，美中關係相當良好。因此不必立刻替換總理，但最近的將來就難保證了。

支撐鄒家華的背景，是軍方。而現在中國對軍方信望最大的人物，是葉劍英的女婿——鄒家華。反之，江澤民和李鵬在軍方的信望幾乎是零。這可說是上海派的最大弱點。

扮演以華南經濟圈拉引中國經濟之火車頭角色的葉選平，也是高人望的人物，可是他樹敵眾多。雖是廣東省的老大，但充其量也只像日本的西鄉隆盛，只是廣東省的地區代表，所以備受北京的反彈，也受到客家人的反彈。

掌握「收回」後香港的主導權，是在北京抑是廣東？

但與此相對，廣東＝葉集團的勢力在中央擁有強大力量的象徵，爲鄒家華。

☆進駐「收回」後香港的廣東軍

占卜中國未來像不可或缺的重大事，已邁近眼前。

英國殖民地——香港，在一九九七年六月三十日結束其歷史。自一九九七年七月一日凌晨零時起，香港就被中華人民共和國「收回」。

西歐對亞洲榨取的歷史至此閉幕，「租借物的時間」「租借物的場所」，無論悲或喜，其滿期已近。

掌握收回手中的香港，是由中國的那

個勢力掌控？

取代從駐留地香港撤退的英軍，進入香港的中國人民解放軍，是那個部隊？這可能是廣州軍區。同時，是駐留於廣東省的第四十二軍。

亦即，葉選平率領的廣東省客家系勢力也把香港控制在掌中。

可是，目前正處在激烈競爭中。

現在，十分積極進軍香港的中國企業，其實泰半是廣東省的企業。而在香港掌握銀行網路的，也是廣東系。只不過稱爲新華社香港分社，過去在香港事實上是中國大使館的該通信社，當然是北京直系的機構。至於報紙，也有北京系的『大公報』和廣東系的『文匯報』。

雙方正在短兵相接中。

以地理來看，香港屬於廣東省寶安縣，是廣東的一部分。與其說華南勢力將香港掌控於手中，不如說廣東省和香港的經濟已合成一體。

同時，由廣州軍區的廣東軍進駐香港，香港人同樣是廣東人，而且廣東人也習慣香港，所以不可能會發生問題。

第三章　假如李登輝和鄧小平會面

「長幼有序」精神——中國、台灣、新加坡大聯合

☆鄧小平是死也不瞑目

在客家之間，前幾年悄悄流傳一則消息。

——台北的總統李登輝將與鄧小平會面。

爲何會流傳此話語？

在一般說詞上，有稱爲「歷史主義」概念。此意識在中國人是根深蒂固的觀念。而中國人之中對此意識最強烈的是客家人。

屬於客家人的鄧小平也不例外，擁有強烈的「歷史主義」意識。

同樣是客家人的李登輝……。

鄧小平的宿願是有關「租借物的時間、租借物的場所」的香港「收回」問

題。誠如鄧所言，要看到這項達成後才想死一般，「收回」香港是成具體性的事實。

接下來的願望是——「和台灣統一」。

這必然也會成爲具體的時間表。

話雖如此，但並非意味國境的統一，而是秩序的統一、精神性的統一。

目的果真能達成，則鄧小平會成爲統一分裂國家的恩人而名留青史。

「永存於歷史。」

這就是「歷史主義」。

所謂「歷史主義」，是意味「畏於歷史」。現在進行形的當然重要，但畏於「自己會被如何記載於後世歷史？」自己的一生是不滿百年，可是歷史，以及被刻在歷史上的自己業績卻是永遠的。如果在歷史上被記載爲「大惡人」，就會一直延續千年、五千年。

中國人之中對此精神最強烈的，是客家人。正因如此，客家才如此重視自己的歷史、傳統。

如果後世之歷史書記載，

「在二十世紀的終末，鄧小平取回因鴉片戰爭被英國掠奪的香港。」

同時又記載，

「鄧小平同意和分裂的台灣統一。」

則體制是共產主義或資本主義都無所謂。

現實上，現在中國大陸所推行的社會主義市場經濟和共產主義是截然不同。同時有稱爲華南經濟圈一詞，所謂「經濟圈」，是指事實上國境業已消失，而成爲無國境經濟。

不過，還留有一個問題，就是大陸是否以武力解放台灣——的疑慮。只要去除這疑慮，一切就ＯＫ了。

由於如此，才會出現本章的標題，

——國民黨總統李登輝，和鄧小平會面。

現實上想以武力解放台灣是不可能，但是，沒有完全降下此旗幟是大陸方面的現狀使然，縱然了解以武力解放，北京就無法在世界秩序中生存，可是依舊要硬口如此標榜……。

「李登輝和鄧小平握手」，則武力解放自然消失。

其後不知會有什麼經緯，不過只要降下武力解放之旗，則「兩岸」都不會有什麼損失。同時，李登輝、鄧小平會談能現實化，則二人會以統一分裂中國而永留歷史上。

☆何者是兄，何者是弟？

屬於客家人的朱子（參照第四章「客家英傑列傳」）主張「歷史主義」。朱子學的大義名文論，是指何者是正義，何者是惡，「長幼有序、男女有別」之意，須明確此區別，無其中間，即含糊的存在。

何者是正義，何者是惡？——。

何者是兄，何者是弟？——。

客家人孫文的「大亞洲主義」。即亞洲應該成爲一體，抵抗列強的思想。當時的日本人對此思想也相當陶醉。

但事實上，這也是一種「歷史主義」，貫徹朱子學的大義名文論「長幼有序」。雖在「天下大同」之下和睦相處，但均爲兄弟，所以不是對等，應該是「長幼有序」。大家在和睦相處之中須有嚴肅的兄弟之分，何者爲兄，何者爲弟——須明確。依據孫文的主張，當然是中國爲兄，日本爲弟。日本的民族派與孫文思想愈形分離的理由在此。

以此意味來看，日本是屬於朱子學的劣等生。但韓國是優等生。在韓國，儒學者李退溪發展朱子學至最高之域。長幼有序。亦即長老支配制度。現在的中國、北韓金日成的後繼者。金正日（朝鮮民主主義人民共和國）均依此治理國家，是不容置疑。

在江戶期，由李退溪所發達的儒學引進日本。可是對這一點比較含糊的日本，卻造成大混亂。主君與臣下的上下關係。這種關係尚能區分，但在部分地區仍含糊不清。

言歸正傳。

對於擁有強烈意識形態的朱子學思考法，客家是有最強烈信仰。

——李登輝總統將與鄧小平會面。

李登輝和鄧小平會面，只需稱呼一聲——

「大哥。」

事情就這麼簡單。

長幼有序，天下大同。這不是政治，而是家庭內的身分秩序，台灣以大陸為兄（自己為弟）對待即可。

日本人也相信，在有關國家統一水平的問題上容易透過西歐的政治學來看待。即一個領土、一個國民、一個政府，由此三個成立一個國家……的概念。

因此，日本人在看國家的場合，是無法脫離此咒縛＝亦可稱咀咒的西歐概念。可是「收回」後的香港，卻採取稱為中華人民共和國之一個領土中，認定有二個政府（北京和香港特別政府）和二個國民（香港人及其以外的中國人）的港人治港方法。

不問政治體制。北京為兄，香港為弟。即，取其實。

因此台灣統一問題，如果台北也將北京看成兄，以天下大同的精神對應，未必採取如西歐般打破國境而成爲一體——的統一方式。因爲，事實上已在經濟圈中出現「另一個中國」。

因此，即使未借用西歐的國家概念，同樣可以統一中國。這可說是東方的智慧。

試觀中國歷史即可窺知，周朝確實立有國家的皇帝，但實際上有時是諸侯獨立的狀態。在中國史上，地區獨立的歷史較長。因此，歷史性的先例眾多。因此有關IAEA查察核武問題的美國與北韓問題，就中國而言，是完全不把美國的話聽進耳內。因爲，他們認爲擁有四千年歷史的老大哥，爲什麼要聽只有二百年歷史的美國的話？

美國和日本人都欠缺此觀點。

李登輝、鄧小平都是客家人。

客家曾遭中原驅逐而「南下」，更有離開祖國而「外流」。

直到二十世紀，才有歷史上初次「內流」、「北上」。客家是二千年來首度由鄧小平此人物北上，進而統治北京，即制壓中原。

訪問新加坡，和李光耀（左）會談的李登輝（右）。

與此相同，同屬客家人的李登輝也是「內流」、「北上」，則是意味二人的高峰會談。日本的週刊雜誌刊載了一段十分有趣的內容。

『週刊朝日』的九四年五月六日，十三日合併號。作家司馬遼太郎先生的「遊走街道／台灣紀行」的特別訪談。司馬先生的訪談對象不是他人，而是李登輝總統，他在北京領導者對台北備感頭痛的問題上，即自身的外交政策，做如下說明：

「我不只訪問過東南亞三國，接著希望造訪的國家，會讓全世界深感驚訝。至於日本和美國，是保留到最後。」

讓世界驚訝的國家——這只能解釋爲

直指大陸。

☆新加坡人吳慶瑞

可是，李登輝、鄧小平的高峰會談必需要有仲介者。仲介者可能是新加坡。因爲，除了新加坡的前總理，且是最高實力者的李光耀資政之外，便無更適當人物充當仲介者。

大陸和華僑之間的網路中心，現在已有一位名爲吳慶瑞的客家人。即新加坡的前第一副總理。

我們來看吳慶瑞的略歷。一九五九年，隨著從馬來西亞分離、獨立的新加坡，設立自治邦的同時，就任財政部長。於財政部設置新加坡經濟發展局，創設工業地帶，積極推行引進外資政策。其後，開始傾力於金融業務，於一九七〇年設置併持中央銀行機能的金融管理局，使新加坡的金融業有飛躍性的成長。

此強力政府統制下的經濟政策，將新加坡培育爲世界性的金融，證券業務的中心地。亦即，吳慶瑞是客家人李光耀的左右手，一手擔起新加坡的經濟政策。

一九八五年，鄧小平任命吳慶瑞為中國沿海經濟開發顧問。

在此插個題外話——在此前後，也有另一位外國人被任命為中國的國家顧問。即出生於大連的日本人經濟學者，亦是日本前外交部長大來佐武郎先生。

戰後首次撰寫『經濟白皮書』，策畫復興敗戰後日本的大來先生，考慮可成為開發中國家開發援助之柱的「中間技術論」。無法推行美國的ODA，主因是直接引進美國的先端技術使然。不引進先進的技術，而引進中間的技術，即是「中間技術論」。

簡言之，倘若是開發中國家計畫大量生產雞蛋。飼養雞隻的技術是充分具備，但搬運生產的雞蛋時，勢必使用蛋盒。問題就在欠缺製作蛋盒的技術和經費。若是進口蛋盒，則成本必高過產蛋。怎麼辦？事實上，可傳授使用當地的稻草或泥土作成蛋盒的技術。

同時，不是突然將耕耘機引進於開發中國家，而是先引進能讓牛拖鋤犂的中間技術，如此才能順利達到目的的主張。

大來先生向鄧小平如此說明。……中國共產黨的政權希望採用新加坡方式，使經濟特別區成爲自由港式的輸出加工區下開發沿岸（曾經一時，保守派承認此方式爲「建立租界模式」，而提出強烈反對）。台灣也採用此方式而獲得成功，但並非全部適用於中國。新加坡模式，是適用於新加坡或台灣等狹小地區，因此採行此模式只能發展部分地區而已。

爲提升中國經濟整體水平，戰後日本吉田內閣時代所採用的「傾斜生產方式」，才是適合……。

以中國話來說，這是指重點方式。首先，決定設置爲重點的場所，即在沿海地區。然後，將產業鎖定爲特定產業（以戰後日本的情況而言，是煤炭等的重工業）。將有限的經費和資源，全部投入於特定的產業上。在此時，暫時不考慮重點地區以外的農村等。由重點地區充當火車頭拉引經濟，不久後，便產生波及效果，使經濟效果波及於全國。

鄧小平倡導的「可先得到富裕的，先富裕」的方法，其實就是踏襲缺乏經費的戰後日本的方法。

日本亦是如此，被擱置的農村無事可做，於是人們以集團就職方式前往都會謀職。這就是現在中國大陸的「盲流」狀態。一波接著一波的人群，不斷湧向沿海地區。過去在中國，戶籍是不能移動，然而至九四年，中國政府在原則上緩和此規定。

在此情形下，到都會求職的人群更是不絕於後。向上海、向深圳、向天津，甚至向大連——。由於如此，在沿海都市的周邊，開始建造如過去日本人以木造灰泥作成的共同炊事的住宅，即大雜院方式的生活。

日本人歷經此過程之後，才爬升爲現在的經濟大國。相同的情形也在中國進行中。該傾斜生產方式是在非常時期使用的，但現在的日本充分重視人權或財產權等，因此無法再引進使用，但現在的中國仍可充分適用。

人口十二億的中國。其中住在沿海地區的約二億人。同時，其中約一千二百萬人已是富有者。這已不是大家共吃大鍋飯的共產主義中國。農村的十億人，仍然是被捨棄不管的狀態。

以客家精神而言，「凡是在此努力者，就有報酬」。因此，明日的中國不一定不可能成爲現在的日本。

當然，也會經歷「黑市」或「泡沫」的經驗，而使中國經濟愈加進展。

言歸正傳，再說明吳慶瑞的主題。

擔任中國沿海經濟開發顧問之新加坡人的他，是提出在華南設立深圳等經濟特別區的政策。

鄧小平的開放政策，原來是新加坡人吳慶瑞的提案。誠如前述，經濟特別區政策曾經也是新加坡成功的經濟政策。

然而在中國的經濟特別區推進者，卻是趙紫陽。

在前述所言，趙紫陽雖非客家人，但長久住在廣東，儼然成爲客家王國的軍人伙伴。他是被認定爲「自家人」的「內部」圈子的人物。

既然被認定是伙伴，就絕對不會背叛。所以，趙紫陽因天安門事件從北京被追擊後，就被掩護於廣州軍區裡，在保留處分之下擔任葉選平的開放政策顧問，在中原無法達成的夢想，卻在華南實現。

如此般的吳慶瑞及其背後之李光耀的新加坡，擔任台北和北京之仲介者是歷史之必然歸屬。

東方的以色列——典型的「客家國家」新加坡

至於以什麼形態作仲介？以後再作說明，在此先說明新加坡是怎樣的一個國家。

新加坡人口約二百七十萬人，僅佔香港一半的迷你國家。面積也只約香港的一半強。可是在亞洲新興工業化國家之中，平均每人所得是僅次於香港，佔第二位。該國是眾所周知的世界金融、貿易中心。

☆李光耀之建國與獨裁

該國獨立並不久遠，是在一九六五年八月九日，尚不足四十歲的國家。其以前是美國海峽殖民地馬來．新加坡的一部分。

自一九四二年二月至一九四五年八月之間，該地區是被日本軍佔領。此時激烈抵抗日本的是，馬來人民抗日軍。此游擊部隊的參加者，不是以馬來人爲最多，而是新加坡的中國人。馬來人是對以自己土地爲殖民地的英國有強烈的傳統性反感，在戰爭初期，反而擁有視日本軍如解放軍傾向的心境。

從新加坡逃亡到海外的華僑，也以資金援助等方式鼎力協助馬來人民，對抗日軍的抗日戰。

日本敗戰後，英國又回來了。英國人雖將海峽殖民地設立爲馬來聯合，作爲獨立的準備，可是美國人只優遇馬來人，對中國系住民卻很冷漠。

由於是以馬來人蘇丹的統治組織爲中心建國，所以，中國系住民被視爲「外國人」而受到排除。

心生不滿的中國系住民，有爲數不少的人曾經是馬來人民抗日軍，接著開始參與反美游擊戰爭。蘇聯和中國都在背後奧援。

在此戰爭中，馬來聯邦於一九五九年六月獨立。

成爲馬來聯邦中的一個自治邦，全人口約四分之三是中國系住民的新加坡。

可是，馬來聯邦的姿態是美國人的姿態，不認定中國系住民的公民權，公用語是美語和馬來語而已。對中國系住民的各種歧視依舊存在。

馬來聯邦獨立之際，在新加坡總選舉上獲得壓倒性勝利的，是人民行動黨（PAP）。領導者是，三十六歲的李光耀。要求從馬來聯邦分離獨立的聲浪依然強烈。至於新加坡自治邦在設立時的政府關係陣容，包括總理李光耀及吳慶瑞等四位客家人。

一九六五年，新加坡終於從馬來西亞分離、獨立。將四分之三為中國系住民的國家，以繼於中國、台灣的「第三中國」名稱來表現的人頗多。

人民行動黨，是標榜民主社會主義。由於如此，使多數的外國資本逃避到海外，同時給予種種利益的美國駐留軍也紛紛撤退。

即使如此，新加坡依然擁有如現在的發展，是有各種要因使然。

華人獨特的勤勉，是可列舉的第一要因（新加坡的華人是佔全人口的百分之七十五，福建系百分之四十為最多，其他是廣東系百分之二十、潮州系百分之二十三、海南系和客家系各佔百分之五的比率）。

然而，獨裁——。

進行反英活動的馬來共產黨，在新加坡建國時的地下活動也十分盛行。與此相對，李光耀予以徹底彈壓。被起用爲李內閣的內政大臣，是李的妹婿，同樣是客家人的王邦文。他以一族的人員來穩固部下。其結果，有許多客家人加入秘密警察，以一族人對應共產黨。毫不留情地加以彈壓。

不僅如此。李光耀爲了保持獨立，從鄰近的華僑或客家人組織以縱橫收集治安情報。然後使國內的共產黨根絕（至一九九〇年，新加坡才和中國建立邦交）。現在的新加坡統治十分嚴厲，堪稱管理國家的程度，不過以「輸出革命」而煩惱的華人爲中心的新加坡住民，卻予以支持。

☆不重平等，重培育精英

新加坡可說是典型的客家國家。

在該國隨處均可見到客家精神。

新加坡國的特徵，是街道十分清潔，教養主義性（知性）、女性地位高等。女性地位之高，可能是亞洲第一。

乍看之下，這似乎是違背教養主義，但新加坡確實未給予全國國民平等的教育，亦即，非全民教育。

小學三年級時先進行測驗，四年級便區分爲特別升學班和普通班。能進特別升學班的是全體約二成。入中學之後再次測驗。此時，普通班學生也能在特別升學班裡敗部復活。這就是理解人本來有早熟和晚熟的制度。

非義務教育的高中，可分爲約二成的升學班和剩餘的職業班。在此大多數學生未接受大學考試的教育，而是接受務實性的教育。其中，同年代的一成會升大學（university）、職業班學生則進學院（college）。

因此，只佔一成的大學升學者非常優秀，各個是超群的人材。同時，努力用功的學生以女生壓倒性的多，因此，女性地位之高居亞洲第一以及職業婦女之多的理由在此。

這雖非平等，然而卻是公平的方式。有能的人材便予以徹底教育，至於其他人或不愛讀書的孩子，若一味強迫接受教育，則只會成爲痛苦之種而已；而且，只會產生自卑感的結果。因此，依據各個孩子擅長、愛好之道，邁向自己的人生即可。此乃客家的教育制度。

美國式的民主主義確實平等。而約四成可升大學的日本教育制度，也可說平等。可是，那是最好的方法嗎？不禁令人存疑。

由此選拔教育讓人聯想到，中國的科舉制度。寒窗十年苦讀的人，會被看待成精美中的精美，這也和客家的精神相同。

可是，對精美以外的人而言，卻是備感痛苦。

過於潔淨的清潔街道。有名的華人街古建物也逐一被拆除，改建爲現代化的高層大樓。新加坡是宛如人工庭院盆景的都市。不少的旅行者總覺得新加坡會給人難以喘氣的沈悶感。

再稍微岔開話題，將此新加坡方式出現於日本的是筑波研究學園都市。在綠色多，環境十分優美的自然之下創造近代化都市，且讓精英聚集此地。可是，欠缺「紅燈籠」（小酒鋪），人們便無法放鬆精神。

客家人非常勤勉，不喝酒胡鬧，也不嫖妓，是生活態度十分認真的族群。

成爲國際問題的新加坡鞭刑，或對菸草、麻藥的嚴罰主義，均由客家精神而來。因爲嚴格律已者，也會嚴格要求他人。

然而在秀才主義之下成長的精英，卻不認定反對黨的存在。一切工會均是御用工會、御用里民大會、秘密警察、言論彈壓……，不可謂不嚴厲。

可是，新加坡以此方式，在資源匱乏之下，卻奇蹟性地急遽成長。

繼承李光耀之跡，成爲第二代新加坡總理的是吳作棟。其祖先在宋朝時代和元軍對戰，經福建省寧化來到廣東省梅縣的客家人。

在新加坡華人中僅佔百分之五的客家人，持續出現領導者。這對新加坡而言，反而更有利。因爲，華僑有容易和各族群對立的傾向，但少數族群的客家，因勢力小，反而容易和各族群融合。

☆獨裁與經濟發展的兩天秤

誠如前述，北京也模仿在客家精神之下成長爲亞洲屈指可數之先進國的新加坡。

——可以一面發展經濟，一面保有獨裁體制。

北京從新加坡學到此事實。

隨著經濟發展之同時，侵入了稱爲自由主義的細菌。經濟發展會伴隨自由，因此出現反體制分子是自不待言——此乃西歐式概念，可是看到新加坡的北京卻不如此認爲。他們未採取以重建爲開始，最後卻瓦解的蘇聯方式，而是以血源更近的新加坡方式爲指針。

現在的北京，將此稱爲「和平演變」（想以武力顛覆卻失敗的西方帝國主義，玩弄經濟、人的交流或技術轉移等的和平手段，圖謀推翻社會主義國家）。

在這一點上，台灣亦是。台灣雖是小國，然而在國民黨獨裁之下，逐漸爬升爲亞洲四小龍。此乃表示獨裁與經濟發展可以兩立。

不過最重要的是，新加坡一面持續嚴厲獨裁，卻未見腐敗而潰滅。

對他人嚴厲，但另一方面對自己也相當嚴厲。對瀆職貪污十分嚴苛對待。自一九五九年，便一直執政的李光耀的獨裁新加坡，唯恐腐敗，而事事戒心才能存續至今。

「愈是立於人之上者，人格愈需高操。」

依然是新加坡最高實力者的李光耀

此思想是朱子學的精神，也是客家精神。

因瀆職辭職而被記載後世歷史上。這也是爲官者最畏懼歷史的「歷史主義」。

同時，客家的長老支配亦是新加坡繁榮之鑰。爲大家族的客家人，十分重視「長幼之序」，無不盡心奉養長老。和民主主義理念相對極的此概念，雖非平等，卻是十分有效率。在日本的新聞界，是將李光耀現在的頭銜「資政」，以「上級相」加以表現，此譯法確實貼切，無論任何人的眼光來看，其所擁有的勢力確實高過現任總理吳作棟。

無任何頭銜的鄧小平，比國家主席江

澤民或總理李鵬更有實力的中國大陸，也是同樣情形。是以「長幼之序」爲基礎的長老支配。

最佳例子是，一九九二年日本天皇訪問中國之際，是由誰出面接待？……。和天皇會面的是國家主席江澤民，鄧小平並未現身。以中華思想的觀點來看，若由鄧小平出面會見，則表示和「幼」之國的日本天皇是對等關係。這和九四年三月韓國總統金泳三訪中之際相同，和金總統會談的是江澤民和李鵬。這也是爲了維護「長幼之序」的原則。

日本人業已淡忘朱子學，所以不曾發生任何問題；但是，沒有例子比發揚客家精神的「長幼之序」更明確的事實。

換個觀點來看——同時不分別好與壞——以少數精英拉引全人民的共產主義或獨裁，可說充分適合客家人性格與習慣的制度。

☆「無名有實」是客家最善長的作為

新加坡成爲北京和台北的仲介。

其根據是，中國和台灣對過去新加坡的實績。加上，本來只為努力成為獨立國家就困難重重的迷你都市國家，卻能成長為亞洲強大金融、貿易中心的華人李光耀的實力。

新加坡始於採取「二個中國」的政策，而北京對此政策也不曾責難過。一九〇年，李光耀和中國建立邦交後，立即訪問北京，但又經由香港，直接訪問台北，向台北傳達他在北京會談的內容。有關李光耀的台北行，北京無任何訾言。依客家的說法，這就是「無名有實」。即不重形式，取其實體。

同時，新加坡因國土狹小無法訓練軍隊，而借台灣之地訓練，也是事實。因此，充當兩地的仲介者無人比他更適合。

美國是無法成為仲介者。

加上李光耀、李登輝、鄧小平……同樣是中國人，又是客家人。

另外，海外也有客家系華僑的強力網路。其人脈，均支持此三人，然後又有連貫關係。和政治體制及當時的政治狀況無關，在「客家是一體」的精神之下，自認「中國是一個」的人脈網路。

在前總統柯拉容時代的菲律賓，對台北也相當友好。因爲柯拉容總統的祖父，是來自中國的客家人。其祖父的姓，是「梁」。事實上，在總統卸任後，她立即返回福建省參墓。就李登輝而言，有同樣是客家人的感觸。

中國人很看重「是否爲伙伴」的問題。伙伴是不會背叛。

但是，在充當仲介之際的重點，是如前述，不要提到「誰是正當的中國政府」。亦即，大陸不提「武力解放」，台北也不說「反攻大陸」。

其實雙方說詞均非務實，因此現在大陸方面不太使用「解放」來表現，而說「和平統一」；同時，李登輝也降下絕對不可能實現的「反攻大陸」旗幟。

因此，北京不認定台北的政府，而認爲是「實體存在」即可。亦即，「無名有實」。

「承認爲國家……」如此說倒不必要。在不說之下，認定爲既定事實即可。

僅僅如此，問題便迎刃而解。因爲，經濟已呈無邊境狀態。

——大中華經濟圈。

兩者依此手牽手發展即可。

北京和台北的握手。其徵候業已呈現。一九九二年於香港舉行「第二屆世界華商會議」，受邀的貴賓李光耀便提出此「大中華經濟圈」構想。

所謂大中華經濟圈，是指更擴大華南經濟圈，由大陸、台灣和東南亞的華僑攜手發展的構想。

並非只由大陸和台灣，或台灣和華僑來推展，而是包含新加坡的東南亞華僑，逢合「二個中國」「混流」之意。

這完全無政治統合之意味。只談經濟方面無國界，至於政治是隻字不提。以經濟地區活絡化經濟活動，將政治性的國境擱置棚上，互相發展……的構想。亦即，呼籲國內國外的華僑資本，共同攜手發展。

北京方面，可引進海外的技術、設備、資金、市場，以俾發展自己的經濟。如此一來，對彼此均有裨益。

李光耀即是發表此方式。

筆者確信北京和台北可握手的是，九二年「第二屆世界華商會議」上提出大中華經濟圈的階段，這從旅居日本的客家人口中亦可耳聞此消息。

可是，此大中華經濟圈有一項缺點。

即，遭致東南亞非中國系的政府、企業或人們的反彈。

因爲，大國主義的北京想擁有航空母艦，而宣言南沙群島的領有。「新加坡是否爲中國放出的特洛伊木馬」？而令人疑心暗鬼，同時「華僑果然是背叛者」的聲音不斷。

李光耀提出大中華經濟圈構想，是了解必出現此聲音之下，仍強調使北京和台北接近的意圖。

亦即，表達「我是仲介者」的訊息。進行此發言的階段，業已進入倒數時刻。

☆「和平統一」和李登輝的南進政策

對台灣的本省人（從大陸被追逐的國民黨政府來台灣以前，就居住在台灣的人們，及其家系的人們）而言，古來即由福建移居的人們眾多，因此，對大陸的投資也是以福建省爲中心。

同時，經由香港和大陸的間接交流也多，因此，台灣錢對華南經濟圈的形成貢獻頗大。

於一九八六年誕生的台灣初次在野黨民主進步黨（民進黨／國民黨持不同旗幟之先驅者許信良是客家人）。在一九九〇年十月進行「台灣主權」決議，明確台灣獨立的方針，可是執政黨的國民黨政權是以「一國兩區」爲基本方針。

大陸的共產黨亦主張「一國兩制」政策，反對台灣獨立爲現狀，在此狀況中，九〇年十二月，中國方面發展「統一交涉上不僅國共兩黨，其他的政黨、團體亦可參加」的方針，是考慮僅由國共兩黨決定台灣的未來，民進黨勢必反彈的一種對策。

台灣總統李登輝，原本是一位優秀的農學者。是出生於台灣的本省人，同時是本省人首任的國民政府總統，在其體內流動的血源，是福建省西部的永定縣湖坑鄉客家。

在清朝的乾隆年間，爲李家第十四代的李崇文和李嵩文兄弟的祖先，在台灣的淡水（今日台北附近）初次留下足跡。李登輝本身相當李家的第十九代。李登輝可能不會說客家語，而使用閩南語，但是和第十四代一起的客家親戚，依然住在大陸。

於一九九四年進行的李登輝東南亞和非洲訪問的南進政策，當然其本身具有極大意義；同時，有「台北不是只顧慮北京」，而對北京表態的一種意義。因爲，以訪問北京爲前提之下，在積極準備討價還價的材料與王牌。

已進入讀秒階段的最近將來，鄧小平和李登輝將要會面。而彼此均認定其存在。該場合裡，也有李光耀。

同時，該場面裡可能沒有五星紅旗，也沒有青天白日旗。

只是揭示國父孫文的肖像而已。

這件事情應該儘快實現。

因爲，最大的瓶頸在於鄧小平的壽命。

※　※

譯註：第三章作者完稿於鄧小平逝世之前，轉眼物換星移台灣執政者已由民進黨取代，故僅供參考。

中國的歷史（秦始皇帝以後）

前二二一	秦王・政，最先統一天下。使用皇帝的稱號（始皇帝）。可是，十五年即滅亡。
前二〇二	項羽和劉邦爭秦之後，劉邦掌握天下，建立漢王朝。
二五	劉秀建立後漢。稱光武帝統一天下。
二〇一	曹操支配華北一帶。
二二〇	後漢滅亡。曹操之子曹丕建立魏國。翌年，劉備建立蜀漢。其翌年，孫權建立吳國。為『三國』時代。
二六五	司馬炎開創晉王朝。

客家的歷史

前二一五年左右	秦始皇帝派大軍到南方，將現在的越南河內附近收入領土。依傳承，聽說在福建設置閩中郡。始皇帝駕崩後，泰半士兵被滯留於南方。此乃漢民族第一次大規模的「南下」。

年	事件	時期	南下
三一一	永嘉之亂開始，邁入異民族在華北一帶跋扈的「五胡十六國」時代。	四世紀初～五世紀中葉	透過「五胡十六國」時代，避亂的「中原」人民渡黃河，又渡長江（揚子江），移住現在的江西省一帶。此乃漢民族第二次的大規模「南下」。
三一六	晉滅亡，成立以現在的南京為都的亡命政權，東晉。		
五八九	隋統一天下。置都長安。		
六一八	李淵、李世民父子無血入長安城，開創唐王朝。		
七五六	玄宗沈溺楊貴妃等，導致唐朝國勢衰敗，安祿山稱皇帝。	八世紀中葉～九世紀後半	安祿山、史思明等藩鎮（地方長官）之亂，以及因走私鹽者的黃巢之亂等荒廢「中原」之民，向江西省西部，福建省西部、南部，廣東省東部、北部移住。此乃第三次的「南下」。
八七五	發生黃巢之亂。		
九〇七	朱全忠倒唐。		
九七九	宋統一天下。		

一一二六	女真族的金佔據宋都開封，王室一部分逃往杭州。此乃北宋之滅亡與南宋之始。
一二七一	蒙古族之元王朝開始。
一二七九	厓山島之戰，南宋滅亡。
一二六八	朱元璋（洪武帝）開創明王朝，元滅。
一六三〇	發生張獻忠之亂。
一六四四	李自成軍滅明，清順治帝入北京城。

一一三〇	朱熹出生於福建省（於一二〇〇年逝世。參照一三三頁以後。）
一二七五	文天祥在江西省組織義勇軍對抗元軍。江西、福建省的客家和逃到廣東省的南宋軍一起在廣東省落居。此乃第四次「南下」（一二八頁以後）。
十七世紀前半～中葉	明末至清初各地發生大亂，四川省成為無人之地，在清政府獎勵之下，廣東、福建省的客家向四川省移住。與其說這是第五次的「南下」不如說是「西進」。

一八四三	鴉片戰爭開始。
一九一一	發生辛亥革命，翌年，宣統帝退位，清朝滅亡。
一九二七	蔣介石北伐後，國共分裂。毛澤東、朱德據守於井崗山。
一九三四	紅軍開始長征。
一九四九	中華人民共和國成立。
一九六六	文化大革命開始。
一九七六	周恩來、毛澤東過世。四人幫被逮捕。華國峰就任主席。
一九八九	發生天安門事件。

一八五一	洪秀全在廣西省舉兵。建立「太平天國」國號（一三七頁以後）。
一九二三	孫文就任中華民國臨時大總統（一四九頁以後）。
一九三五	在長征途中的遵義會議上，鄧小平獲得毛澤東的信任（一六八頁以後）
一九六六	鄧小平塌台（第二次）。
一九七六	鄧小平第三次塌台。葉劍英搶先控制四人幫。鄧小平復活（五十八頁以後）。
一九八九	「廣州軍區」不理會北京的出動要求（六十二頁以後）

第四章　客家英傑列傳

文天祥——和南宋王朝共命運的世紀忠臣

另一方面，中國的歷史宛如萬里長城所象徵的，是爲了阻止從北方侵入的「夷狄」（異民族）的漢民族攻防歷史。然而每次被異民族侵入，漢民族便陷入不得不從「中原」被逐放而南下。之後又爲了回歸「中原」之日戮力蓄積實力，如此不斷周而復始。

以另一角度來看，從「中原」被逐放之漢民族的遺憾之情，成爲鼓動中國歷史的活力。這也就是客家的活力。

十三世紀後半，在南宋滅亡期出現文天祥（一二三六～八二年）的英雄人物。他是吉州（江西省吉安縣）出身的客家人，是帶給日本幕末尊攘志士很大影響的人物。

十二世紀前半，因金（女真族）的侵入導致北宋滅亡，逃往江南的高宗在臨

在厓山島周邊的海戰被擊潰，背負幼小皇帝入水的南宋忠臣圖。

安（杭州附近）設置臨時國都，改為南宋，可是接下來卻因元（蒙古族）的南下備感苦惱。

二十歲那一年，即以首席高中仕官登龍門的進士（在科舉上鄉試、會試、殿試之一切上榜者）的文天祥，在一二七五年元軍逼到國都時，於江西任地組織一萬人的義勇軍疾驅國都。

文天祥主張和元軍交戰，然而不被接受，於是和元軍總司令官巴揚進行和平交涉，可是因要求元軍撤退而不讓步，結果被捕成為俘虜。可是往北方移送中，在鎮江（江蘇省）脫逃，而展開游擊戰抵抗元軍，廣泛呼籲「起兵救國」。

加以呼應，挺身而出的，是廣東省梅州（梅縣）一帶的客家。聽說當時在國土上約有一萬人的客家，而其中就有八千多人參加文天祥軍。

不問老壯男女，凡可戰者無不參加，而恢復梅州。

文天祥本身雖在途中五坡嶺（潮州）遭元軍逮捕，但擁護最後皇帝幼帝的南宋軍，依然如獅子奮迅打戰。一二七九年，被逼到澳門西方厓山島的南宋軍，果敢向元軍挑起海戰，但很不幸遭到颱風襲擊，結果吃敗戰，幼帝落水，宋朝滅亡。

聽說在該戰役中，於松口地帶屬於客家的卓一族，共有八百人參戰，卻只剩一人存活。

緬懷西臨南宋的最後，依然可見客家武士風格之黃公度的詩詞如下：

男執干戈女甲裳
八千子弟走勤王
厓山舟覆沙蟲盡
重戴天來再破荒

詩中表現客家的女性也執起武器，奮力抗元。

如後述，清末的「太平天國」有婦女部隊，依客家的傳統，女性非常堅強。

☆絕不屈服忽必烈

被捕的文天祥想服毒自盡，可惜未能如願赴死，在被遣送燕京（北京）途中，絕食八日間仍難赴黃泉，結果被關在燕京獄舍三年。其間，十分愛惜其才能的忽必烈再三勸他仕元，可是都不被接受，最後被刑殺而亡。

文天祥在土牢中，寫了一首有名的五言詩「正氣歌」——

天地有正氣
雜然賦流形
下則為河嶽
上則為日星

「天地間存在一種正氣，紛雜地散布在各種形體上：在地面上的是江河山嶽的浩蕩和崇高，在天上就化做日月星辰的光輝」等，自宇宙廣大的運行說起的此長詩，列舉歷代忠烈之士的事蹟，再說自己的行動也和那些人有連貫，表示自己的正當性，接著爲結論。

風簷展書讀
古道照顏色

「在透風的屋簷下展讀聖賢之書，前哲的道義風範如在眼前，其光輝映照著我的顏面」，宇宙之正義永遠不變之論，而悠然赴死。

對國家盡忠節的文天祥生活方式，成爲日本幕末志士的典範。

例如，是水戶學之學者且是實踐性活動家的藤田東湖，創作標題爲「和文天祥正氣歌及序」的漢詩。從「天地正大之氣、粹然鍾於神州」爲開始的這首漢詩，在勤皇志士之間深受愛誦。另外，吉田松陰也撰寫「正氣之歌」，由此可知寧死不屈節的文天祥生活方式，給予他們不小的影響。

思考文天祥的思想和生活方式時，就不可忽視朱子學的存在。比文天祥稍前時代出生之福建省出身的客家人，朱熹（朱子、一一三〇～一二〇〇）創立的朱子學和不追隨權力的生活方式，鼓舞了南宋的士大夫。

然後，在江戶前期從明朝渡海到日本，奠定水戶學基礎的儒者朱舜水，亦是浙江省出身的客家人。由此看來，日本和客家的因緣匪淺，實在令人驚訝。

朱熹——在國家存亡危機中確立漢民族的身分認同

從「中原」被逐放，不得不在邊境之地生活的漢民族，一面懾於「夷狄」的恐怖，一方面爲確立自己的身分認同而奮鬥的是客家人，而朱子學之大成者朱熹（朱子是後世的敬稱），是最典型的客家人。

朱熹出生於一一三〇年的時代，是遭女真族的國家——金所滅絕的宋代殘存的皇族和官民們，在金軍追擊之下輾轉江南（長江之南）各地，過著流離失所的生活。南宋初代的皇帝高宗，定都於臨安，是在朱熹出生的二年後。

朱熹的出生地福建省尤溪，以江南之地來看，是十分偏遠，被稱爲閩的鄉下。朱熹之父朱松，因主張和金徹底抗戰，可是不被接受，而被貶謫福建省。

顧名思義，在國家存亡的危機中出生、成長的朱熹，十九歲便通過科舉的最後考試，成爲進士；二十四歲擔任福建省同安縣的帳簿主任，不過只任職四年間便辭官歸鄉。接下來的二十年，他都在家裡鑽研學問。

其間，在三十二歲那年和父親一樣，向皇帝上書和金的主戰論。雖然他一直身處窮鄉僻壤的家鄉，可是始終是愛國之士。

當時，在知識人之間流行的是禪。朱熹也曾經一時習染禪風，進而參禪，可是在國家存亡的危機之際，只顧慮個人能獲救，一意想通過科舉而汲汲於進軍中央的周圍士大夫，備感憤怒，在鬱勃氣氛之下，埋頭於真理的追求。對朱熹而言，真正的思想不只是解救個人，而且要解救國家、社會。

在後世，被稱爲「朱子學」的巨大思想體系的確立，是在朱熹四十歲時。

☆在僻地出生、成長的優越頭腦

朱熹所追求的是繼承中國古來的『易』，以「陰陽」、金木水火土的「五行」、宇宙萬物的元素「氣」等「自然哲學」爲基礎，構築新的「人間論」。

對朱熹而言尤其重要的是，發現在宇宙內在的秩序法則「理」（『易』是稱爲太極）。依據宇宙萬物的構成元素「氣」，和宇宙之秩序法則「理」的二大原理（「理氣二元論」）的朱熹，展開了新的「人間論」。

例如，「性即理」。人有五種性情＝喜、怒、慾、懼、憂，受感情或慾望的左右，可說是執著「氣質之性」的狀態。可是，存在宇宙萬物之中最優越的人類，是天生具備「理」。這才是「本然之性」。因此，「理」之力可支配「氣」，此乃朱熹之說。

朱熹將此「人間論」超越個人，擴大到「人際關係論」，例如在親子之間是「孝」，兄弟之間是「悌」，朋友之間是「信」，君臣之間是「義」。

其究極是達到如何治理一個國家的「政治倫理論」。此乃後世之人稱呼的「新儒教」。儒教之根本原則「修身治國」（『大學』），因朱熹再度復甦。無論朱熹有否如此的企圖，在其後的中國，裡朱子學確實成為「國家教學」之座，加上韓國、日本的治世者將其作為政治、社會的規範，可說是朱子學註定的命運。

但是朱熹本身，透過七十年的生涯，全力傾注實踐自己確立的思想體系，在朝廷出仕是在晚年的四十日而已。五十歲以後，歷任浙江省、福建省、湖南省等各州知府的朱熹，引進各種新制度。

例如，為了防備飢饉而貯藏穀物，或凡有需要便貸與他人的「社倉法」、實施更民主性之農地改革的「經界法」，是身為地方官的朱熹實踐為其「人際關係論」之根底的「仁」（人間愛）的法令。

於次章陳述的客家傳統智慧「義倉」，正與此「社倉法」有關連。朱子學是出生、成長於遠離「中原」的僻地，但有優越的頭腦，和稱為金的異民族國家的緊張關係當中，希求漢民族身分認同的結果所產生。

然而自朱熹逝世約八十年後，「中原之民」的後裔文天祥（前項），留下「正氣歌」一詩，在漢民族的身分認同之下殉身。

洪秀全——讓清朝險些滅亡的「太平天國」領導者

文天祥在宋朝即將滅亡之際的最後抵抗，是對「夷狄」蒙古族的強烈漢民族意識表現。而在滿州族支配的清朝末期，也有一位客家人爲再興漢民族國家而起狼煙。此乃「太平天國」的領導者洪秀全。

讓清朝險些步入滅亡之途的洪秀全，其爲人特徵，一言以蔽之，是持有強烈倫理感。持續佔據華南一帶數十年的「太平天國」，由洪秀全將歐洲人引進的基督教教義，改爲中國風的理想主義作爲依據。

例如，他所倡導的「平均給與」「男女平等」概念，在始終沈醉於封建思想、風紀業已敗亂的當時中國社會裡，引起相當大的震撼。如此嶄新的規範，是受到基督教教義的影響，不過原本也是屬於客家人的傳統性風氣。

洪秀全率領的宗教結社「拜上帝會」，在一八五一年一月於廣西省桂平縣金田村建立「太平天國」國號而舉兵時，只是客家人參與便高達二萬人的軍團事實可窺知，「太平天國」的母體是客家人，客家傳統性的規範以國家單位被採用，可說是畫時代性的事件。

洪秀全是接近現在廣州市之廣東省花縣的出身者，但廣東省和廣西省的客家，是被迫過著極艱辛的生活。爲了開墾地，和先住民的爭戰不絕。

至於「太平天國」，是吸收這些失去居住場所的客家，以及以打倒滿清，復興明朝的秘密結社「天地會」的人們、壯族、傜族等窮困的少數民族、漢民族的下層民等，急速膨脹。

太平軍是從金田村到永安（現在的蒙山）、桂林、全州，入湖南省的永州、長沙、益陽、岳州（岳陽），入湖北省的武昌、下長江，移到江蘇省的南京後，取名爲天京而定都於此，隨著移動的太平軍，愈來愈龐大。

標榜「男女平等」的太平軍，也設置婦女部隊（稱爲女館或女營），在入南京的一八五三年，只是婦女部隊便達十四萬人之數。

她們從事農作業，也參加戰鬥，同時實施以女性爲對象的科舉，此乃表示「男女平等」的徹底（但另一方面，在南昌募集年輕女性，然後將六十位美女分配給幹部作爲妻妾的作法，卻是相當大的矛盾）。

聽說入南京（天京）的太平軍，總數高達百萬人。在天京的「太平天國」，嚴禁賣春、賭博、飲酒。買賣、吸食鴉片者，判處死刑。

至此訪問的一位英國人（G．T．烏斯利），目擊女性騎馬奔馳而驚嘆。這在封建的其他地區的中國社會裡，是無法想像的不同天地（『中英戰記』）。同時，工業和商業發達，生活富裕。

☆留給中國共產黨巨大遺產

「太平天國」政權，是由洪秀全號稱「太平天王」，其下封五王，採取集團領導體制，其中心是廣東、廣西省的客家人。

五王是東王＝楊秀清、西王＝蕭朝貴、南王＝馮雲山、北王＝韋昌輝、翼王＝石達開。其中，馮雲山是洪秀全的竹馬之友，自「拜上帝會」時期就和洪秀全一起行動。

繼洪秀全的第二把交椅楊秀清，是住在廣西省桂平縣的客家人，祖先是從廣東省梅縣移來，至其父一代均是燒炭的極貧生活出身者。他和有學問的洪秀全不同，既不會讀，也不會寫，不過富有行動力，自「太平天國」定都以來，便代替洪秀全掌握實權（可是，後來被洪秀全肅清）。

翼王石達開，是桂平縣之鄰的貴縣客家人，也是從廣東省來的移民之子，母親是少數民族出身。在金田村舉兵之際，他募集一千人的兵力，其中八成是客家的農村青年。

五王之中最年輕、又有學識的石達開，是後來東王、西王、南王、北王全部死於非命後仍殘存者，但不久後與洪秀全分袂，帶著二十萬大軍離開天京。

成爲流亡軍團的石達開軍隊，其後分別轉戰於江西、浙江、福建、湖南、貴州、雲南、四川，在一八六三年想從紫打地（現在的安順場）渡過四川省的大渡

▲太平天國的玉璽

◀洪秀全之像

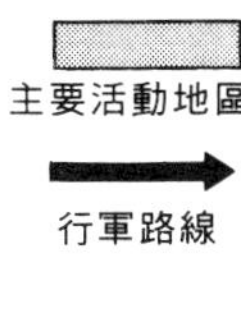

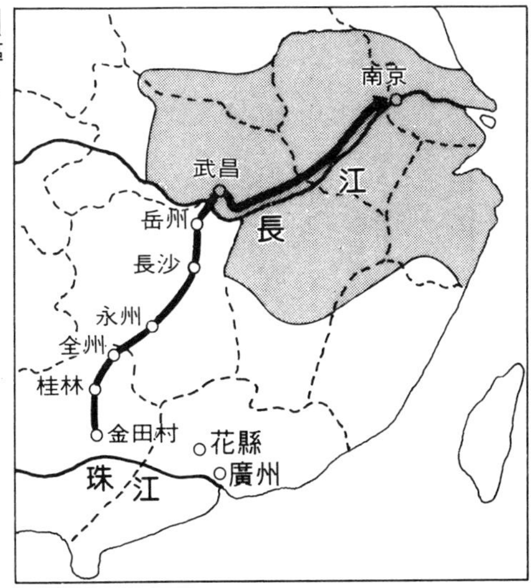

「太平天國」關係圖＝廣東省花縣，是洪秀全的出生地。於廣西省金田村舉兵，通過湖南省，從湖北省武昌溯長江，攻陷南京（天京）後定都於此。

河，不過爲了慶祝兒子的誕生而停留三日，不料卻遭結集兵力的清軍攻擊和河水增漲的阻礙，而蒙受幾近全滅的損害，結果石達開棄械投降，在成都被處磔刑。

可是，七十二年後的一九三五年，中國共產黨「紅軍」的第一軍，在一萬二千五百公里的長征途上，並未踏上石達開之轍，在和國民黨軍激戰中迅速渡過大渡過，突破了邁向陝西省解放區的最大難關。石達開軍隊通過的路線，也成爲紅軍的通過路線。

沿此路線有許多客家的聚落，客家人無形的支援，讓石達開的軍隊能維持近二年的時間，也使長達一年的「紅軍」長征成功。

另一方面，「太平天國」之都天京，終於在一八六四年淪陷，傳聞洪秀全也在淪陷的四十八日前自戕而亡。

可是，「太平天國」留給後世的遺產卻相當可觀。

例如，辛亥革命以來的鬥士，和毛澤東共組「紅軍」的朱德，曾言人民解放軍的「八項注應」是繼承太平軍嚴格的軍律所制定。

一九二八年，在最初的革命根據地、井崗山的「紅軍」軍紀，有如下「八項注意」的規定。

①離開民家時，須將利用爲睡床的門板恢復原狀。

②借用的蓆子，用畢須捲好歸還。

③對百姓須盡禮儀，儘量協助百姓。

④凡是借用的悉數歸還。

⑤凡是破壞的一切償還。

⑥和農民的交易須誠實。

⑦購物時須付錢。

⑧建廁須離開民宅，重視衛生。

朱德將軍嚴飭軍隊和人民接觸之際的八項注意事項，是學習太平軍的軍紀。同時，規定此軍紀的朱德，也是四川省出身的客家人。這些作爲絕非偶然。

秘密結社——打倒清朝的「背後主角」

在「太平天國」裡，有眾多稱爲「天地會」秘密結社的人們參加，這已在前項說明，而他們大部分是客家人。

同時，雖未直接加入太平軍，但各地的「天地會」也呼應舉兵。例如一八五四年，廣東省「天地會」的頭目陳開，率領南海縣的民眾占據廣州城，在此支配了十個月期間，同時制壓附近的數縣，進而入廣西省樹立大成國。

此大成國構成員近半數是客家人，遭受清軍攻擊時據守在廣東、廣西省北部客家居住地區的山岳地帶，其間與清軍對抗七年左右，至於幹部是向「太平天國」匯流。

一八五三年在福建省，客家人黃威率領「小刀會」（後述的「天地會」別名），支配廈門一帶半年左右。他們是以「漢大明統兵大元帥」的大義名分起兵打戰，遭受清大軍攻擊時，通過福建、浙江省的山岳地帶，向上海移動，希望和「太平天國」取得聯絡，然而未果，於是一部分逃到江西省南部客家人居住的山岳地帶，而在往後的五年中持續抵抗運動。

一八六四年，「太平天國」之都，天京剛陷落後，率領香山縣「天地會」的袁亞興等人，又武裝蜂起。

這些客家秘密結社，在清代持續擴大組織，不斷進行「反清復明」活動。只是清朝後半的二十五年間（一八二九～五四年），在廣東、福建的南方二省（秘密結社員最多）便發生七十五次的反亂（從秘密結社這一方來說，是「武裝起義」），大規模組織的揭發也高達六十二次（郭廷以『近代中國史事日誌』）。

其中最大的是「太平天國」的反亂。

他們的口號是「反清復明」，即打倒異民族滿州族掌控的清朝，恢復明朝，重建由漢民族統一天下。

明朝滅亡時，對抗到最後的是以台灣爲根據地，進行五十年間「反清」活動的鄭成功（以歌舞伎「國姓爺合戰」而聞名）和客家。傳聞，「天地會」是始於當時潛入地下的客家軍事組織。

「天地會」的名稱，是入會時宣誓「一拜爲父的天，二拜爲母的地，三拜爲兄弟的太陽，四拜爲姊妹的月」，如此般嚴肅進行誓約後入會，稱爲「入洪門」，因此「天地會」又被稱爲「洪門會」。

☆革命組織「洪門會」

亦即，對外是使用「天地會」名稱，內部則使用「洪門會」。

「洪門」，是以復興明朝的朱元璋最初設定的年號洪武爲導向，所以意味洪武（即明朝）之門（一族）；之同時，「漢」字去「中」和「土」即爲「洪」。「中土」是指世界的中心，即中國。亦即，擁有從漢民族手中被奪走中國的意義。

辛亥革命成功的孫文亦作如下敘述，「洪門是由明末遺老創設。在康熙年間（一六六二～一七二二年）」。康熙，是明滅後的年號。

同時，加入該會的成員自稱「洪英」。其由來是明朝最後的皇帝崇禎帝，在自決前讓懷有自己骨肉的西宮逃離，然後將誕生的兒子（朱洪英）交由少林寺僧侶撫育成長的故事，意味「漢民族的英雄」。「天地會」即「洪門會」，不單單是同族組織，而且具有「反清復明」之革命意識的秘密結社。

同時，「洪門會」的別名會因地區而異。在清朝末期以廣東、福建、廣西省等南部沿海地區的組織最多，入會時會進行飲用三合水儀式的「三合會」；以四川省爲發源地，在清代於長江流域一帶人數達三百萬人的「哥老（弟）會」（哥老是「兄」的稱呼）等爲代表。

使用「洪」字即遭彈壓，於是去掉三點水而成「三點會」（三點是指三點水，亦即三點是洪的隱字），「太平天國」之亂當中，長期佔領上海縣的「小刀會」等，也是「洪門會」的別名。

這些組織彼此間無上下關係，均爲橫向平等，通常被稱爲「紅幫」。「幫」是指集團，「紅」是起因於明朝始祖朱元璋的朱，「紅幫」是指紅色集團，即標榜再興明朝的一門。

與此「紅幫」並列的另一幫是「青幫」。這是由「紅幫」分出，是以私造鹽或走私業者（在清朝鹽是專賣品），或長江流域的水伕等河川交通業者的同業工會爲中心，目的在於相互扶助。因此團結性十分穩固，重視師弟關係、上下關係，與「紅幫」不同，政治意識較低。

但是，此「紅幫」，即「洪門會」，對孫文的辛亥革命助益頗大。「太平天國」的殘黨，紛紛逃往中國南部或海外（尤其是南洋或美國最多）。他們在那裡組織「洪門致公堂」等，支援孫文。

例如渡往美國本土的中國人，雖是從事鐵路建設等肉體勞動，但受到白人歧視，且無身分保證，所以爲了保護自己而不得不團結一致。他們在洛杉磯設置「致公總堂」，且在各地開設分社。

誠如次項敘述，傳聞孫文在一八九四年於檀香山組織「中國國民黨」之前身「興中會」時，參加者中九成是「致公堂」，即「洪門會」的成員。

如撰寫『大地』一書的美國作家賽珍珠所言，確實是「不明白秘密結社，就無法了解中國」。

孫文——深具魅力的近代中國「國父」

以辛亥革命（一九一一年）打倒清朝，完成亞洲第一個共和國「中華民國」的建國，不僅受到大陸人民，而且也被台灣和世界的中國人敬仰的「國父」孫文的故鄉，是廣東省香山縣（現在的中山市）翠亨村。

位於澳門北方約三十公里位置的小村，現在從香港搭汽艇溯珠江的河口，約二小時便到達最靠近珠江三角洲的港口，然後再搭車約一小時即可抵達。

在汽艇裡，坐滿抱著大行李的人們。泰半是訪問大陸親戚的香港人，行李的內容是食品、衣類等禮品。其中更有人搬運比禮物更大的行李，可能是一些國際貿易的商品（走私）。

珠江三角洲的村落是廣大的水田地帶，視線所及可見到水牛趴臥田間、縱橫的灌溉水路，如北京鴨、廣東鴨的「鴨牧場」或養魚池四處散落，同時有連綿不斷的秀麗風景，但看到民家的形態，或偶爾擦身而過的汽車（以三輪卡車當作計程車），卻不會給人生活富裕的印象。

後來聽到當地人說，「只要有一部機車，你愛上那個女孩就可以結婚了」。夜間行走在中山市的街道上，會被無數的小乞丐包圍著。

可是有時在水田地帶的中央，會突然撞見如宮殿的豪宅。聽說，這些都靠香港親戚的匯款建造而成。聽說，在珠江三角洲地區，有否香港親戚，成爲貧富的分野。汽艇中的大行李景象，迄今仍歷歷在目。

可是，如此狀況和孫文出生的一八六六年當時，本質上並無二致。十九世紀末，清朝內部開始腐敗，尤其南部中國一帶的農民更爲艱苦。該傾向是從「鴉片戰爭」以來更加顯著，於是男性爲追求新天地或工作場所而紛紛前往海外。

尤其從廣東省南部的珠江三角洲或東部的山岳地帶、福建省的山岳地帶到海外賺錢者，比比皆是，因此聽說全世界的華僑中，六成是廣東省，三成是福建省出身者。珠江三角洲並不像現在滿布灌溉用水，而是時常遭致洪水和旱魃而苦惱的土地，但人口密度卻相當高，因此泰半農民爲養活家人而精疲力竭。

孫文、宋慶齡夫妻，1917 年左右，於廣州大元帥府

尤其是孫文的故鄉香山縣，是瘠荒砂地的貧困地帶，因此有多數的海外出國者，不得不靠海外匯款的狀況，是今昔皆同。

何況孫家是「外來者」的客家，和先住的農民時常處在對立狀態，因此生活可能更加困苦。孫文之父，在幼小時便前往澳門營生，漸長後成爲鞋匠，後來回到故鄉成爲佃農。孫文也在六歲時就成爲一家的賺錢者之一，除草、放牛、打雜等勞動工作。一家無米飯可吃，主食是甘薯。

在如此嚴酷狀況之下，比孫文大十二歲的長兄孫眉，出外前往夏威夷奮鬥。這是先前往夏威夷工作的母方祖父暫時返國的機會中，父親請求他帶長兄一起出國。當時的孫眉是十七歲。

其實，前往夏威夷的孫眉，後來掌握辛亥革命成功與否的關鍵，而在當時，孫眉、孫文兄弟是做夢也無法預知的未來發展。

☆他人不知的與孫眉的兄弟愛

建於孫文故鄉翠亨村的孫中山（中山是號）故居，由於被中國政府指定爲「全國重點文物」，因此不僅在三月十二日的逝世紀念日那一日，連平常日子的參觀者均絡繹不絕。可是，很少有人會注意在附近中山紀念中學之側所立的石碑。題爲『孫德彰先生墓表』的石碑，是顯彰孫文之兄孫眉一生的紀念碑（孫德彰是孫眉的本名）。

我們從「總理生平所嚴事，有賢兄曰德彰先生」（總理，即孫文平日過著嚴謹生活。有賢兄德彰）爲開始的顯彰文，一窺孫兄弟的一生。

一八七〇年，被外祖父帶到夏威夷的孫眉，最初是從事農作業。其後，和外祖父合作開始開拓，在毛伊島擁有十公頃的農地。一八七七年，孫眉二十三歲時，夏威夷政府（當時，夏威夷是王國。合併於美國是在一八九八年）肯定其農業經營努力，於是賦予他募集移民前往夏威夷開墾的權利。

邇來的七年後，三十歲當時，孫眉擁有六千英畝的農地，雇用一千人，飼養數萬頭家畜的大農場主。另外也開設商店等，成爲毛伊島的首富。

召喚孫文到夏威夷，是在他正値顚峰的一八七九年之際。十三歲的孫文，自此以來的五年間，在夏威夷學習英語、聖書、西歐政治學、經濟學、自然科學，開始對西洋文明和民族主義發生興趣。可是，發現孫文接受洗禮的孫眉，憂心胞弟會否定中國的傳統、習慣，於是讓他返回中國。

不久後，孫文分別在廣州和香港學習醫學。儘管孫眉不滿胞弟對「國學」的態度，但仍然繼續供應學費給他。

一八八八年，父親逝世。以後，兄弟的心結也解開了。

一八九四年，孫文在夏威夷組織爲「打倒清朝」的革命團體「興中會」。設立時的成員泰半是「洪門會」的會員，這已在前項敘述。例如，爲中心人物的鄧蔭南，是廣東省出身，且是檀香山「三合會」的領導者。孫眉投入私人財務，全面性支援此革命團體。「興中會」也進行軍事訓練，作為革命的準備。在成員上，當然以客家人佔多數。

一八九五年，孫文企圖在廣州起義；此際，孫眉販賣牛三百頭，將所得二千美元作爲革命資金。此次起義因事前被發覺而終歸失敗，孫眉也緊急將孫文藏匿於夏威夷。

其後，孫文仍努力不懈於革命運動。其間，如宮崎滔天等多數日本人，紛紛傾倒於孫文的爲人，是有名的故事。

其中一位是，和在一八九七年於倫敦認識的博物館學者南方熊楠的感情最令人莞薾。一九〇一年，在和歌山重聚的二人，對於亞洲熱情的表現相當契合。

客家人特有的，純粹、率真又不曲節的孫文性格，可能和南方熊楠的性格有共通點。

一九一一年，辛亥革命成功，「中華民國」誕生。傳聞其以前，孫眉投入的革命支援資金，高達七十五萬美元。

後來，孫文作了如下敘述：

孫文自己設計建在故鄉翠亨村的家（孫中山故居）

「從事革命數十年，其泰半費用由我兄弟負擔。

日本人和中國人出資的金額，合計只有四萬～五萬元。在十數年的歲月裡，為革命募集的資金不過四萬～五萬元。我自己是醫師時，每年所得一萬元以上，若以利益觀點來看，革命是相當不划算。我自己貯存的財產悉數盡出，兄也為此革命而破產。」（『孫中山全集』第一卷）

若無孫眉的物質性、精神性的支援，辛亥革命焉能成功？

可是為了使辛亥革命成功，中國國民黨於一九〇五年提出的口號是，「驅除韃虜」（辮髮的野蠻人＝逐放滿州人）、

「恢復中華」（恢復中國人的天下）、「創立民國」（創立共和國）、「平均地權」（土地是眾人平等分發）軍政府宣言）。其中的「中華」和「民國」的文字結合，使產生「中華民國」的國名。

孫文創立「中華民國」時，定首都於南京（明朝的首都是南京），並向明的十三陵報告「漢民族恢復天下」。

眾所周知，孫文是自幼就被比擬爲同是廣東省客家人的「太平天國」洪秀全，在被期待爲「第二洪秀全」中成長；但是，孫文卻創造凌駕洪秀全的豐功偉績。

可是，不久後的辛亥革命，因袁世凱背叛而挫敗，迫使孫文不得不亡命日本。

另一方面，孫眉也移居澳門，一九一五年，於當地病歿，享年六十一歲。

一九三五年，「中國國民黨中央執行委員會」決議將孫眉葬於故鄉中山縣的中山紀念中學之側，建立顯彰其「爲近代中國革命奉獻」的石碑。其爲此『墓表』。

撰寫此『墓表』的汪兆銘，是孫文故鄉香山縣之鄰番禺縣（現廣州市）出身者，從早期就和孫文一起行動的「革命英雄」，擁有和蔣介石並列的經歷，撰寫『墓表』之當時，是擔任國民黨副總裁，中央政治委員會主席、國民參政會議長，可是因與蔣介石對立，所以較接近日本，一九四〇年，樹立主張「反共和平」的「南京政府」，一九四四年，病歿於名古屋。

因其在抗日戰爭中，與日本聯手，因此被視爲「叛徒」「賣國奴」，現在同時遭到北京、台北雙方「抹殺」；但事實上，他爲「亥辛革命」及其後的中國政治奉獻的功績不小。

何如璋——首任駐日公使，為「琉球問題」孤軍奮鬥

提到何如璋此號人物，可能初次聽聞者較多。他是清朝末期，以首任駐日公使，在急於近代化的明治初期的日本駐留四年間，在日孤軍奮鬥的人物。

尤其在「琉球問題」上，在低姿態的清朝政府中唯一以毅然態度對抗日本政

府的作爲，是描寫客家英傑的本章中不可不提的人物。

何如璋是在一八七七年（明治十年）到日本赴任，然而在七四年，琉球（沖繩縣）屬「日本領土」，在日清兩國間被「確認」。

即七一年的十一月，以五十四位琉球漁民漂流到台灣遭到殺害的事件爲借口，而派兵到台灣的日本，強迫清朝就交涉之席，簽訂「北京條約」。依該條約，加上「台灣的生曾妄加殺害日本國屬民」一文，迫使清朝承認琉球島民爲「日本人」、琉球爲「日本領土」。

但事實上，琉球與中國的關係，早在一三七二年琉球和明朝結盟「宗藩（冊封）關係」，一六五四年，清朝也冊封琉球的中山王（但實際在六二年才實施），以來歷代的琉球王均向清朝「朝貢」。末任的琉球王尙泰，也在清朝冊封之下稱王。

不僅如此，琉球也使用清朝的年號，國王屬下的官員均受清朝教育，因此琉球王國的百姓和清朝咸信「琉球是清朝的臣屬國」。

一八七二年，日本要讓琉球成爲「琉球藩」，接著廢藩置縣，改爲「沖繩縣」

的所謂〈琉球處分〉，使島民相當激憤、反彈，曾經一時更有大家拿著武器和清朝共同抗戰的聲浪。

話雖如此，但日本政府是如前述強迫中國承認琉球是日本領土，命令末任琉球王尙泰上京，禁止向清朝「朝貢」，強迫使用明治年號。可是，尙泰拒絕上京，官員也公開發表拒絕和清朝斷絕關係。

何如璋至日本赴任的一八七七年，就是在此狀況下。

在一九七九年，日本政府差遣三百名士兵和一百六十名警官至首里城，強迫琉球王尙泰讓出王宮，公布設置「沖繩縣」。尙泰不得不離開首里城，迫使琉球王國至此閉幕。

島民對此「處分」的不滿情緒愈來愈強烈，希望獲得清朝支援復興王國者不絕於後。同年七月，舊官員訪問北京，直訴「琉球求援」，向清王室上書應該抗議日本。

以此運動爲背景，首任駐日公使的何如璋，一面對本國「妥當處理」的軟弱姿態感到憤怒，一面在孤立無援之下開始和日本交涉。

☆其為人令日本人銘感

七九年三月，「沖繩縣」設置之際，何如璋和內務卿伊藤博文、外務卿寺島宗則會面，提出「琉球是中國領」，反對其合併。

同年五月，本國政府指示「緊急時，將撤回外交官全員」；但何如璋回電，「軍事性對抗措置和外交戰略策定的必要性」。

在此，我有何如璋寫給清朝直隸總督李鴻章與總理衙門的信函（梅州市政協文史資料委員會大埔何如璋研究會合編『梅州文史』）。其中的內容，始終展現客家人不易妥協、充滿正義感之主張的特質。

「（日本政府向琉球國）阻止朝貢，是爲了使何如璋滅亡。琉球一旦滅亡，接著可說是以朝鮮爲目標。……將日本人的橫暴放置不管嗎？先發制人，對方先發就會被先制服。防敵之憂須緊急。」

「現在日本的國勢不定，兵力也不強。和日本打戰，有十足的獲勝機會。可是，完全擱置不管，則和育虎無異。何況琉球接近台灣，假設（琉球）被日本合併，則必窺伺我國國境。考量台灣的安全，今日一定要抗爭，以俾斷其根。」

「琉球之民再三哀願求助。倘若不給予援助，他們會埋恨我們。我害怕會因此問題而失敗。須知，應掌握大局和本質。」

如此說明後，做了如下的結論：

①一方面進行交涉，一方面派遣軍艦至琉球責問，向日本人間接表示必要時會使用武力，讓他們心生畏懼，則朝貢可能會復活。此乃上策。

②據理抗爭，若是充耳不聞，則向琉球人保證必援助他們抵抗日本。日本若是攻擊琉球，我們就出兵挾擊，日本必敗，而使和議成立。此乃中策。

③如果只是反覆串述，引用國際法，或要求各國大使奧援，則日本人會自己想出理論，琉球人也不再仰賴中國，而會自己思考生存之道。此乃下策。

④捨棄表示善意者（琉球），而崇拜仇（日本），定通敵背叛者，此乃無策。

結果「琉球問題」，因一八九四～九五年的甲午戰爭日本勝利，而畫上終止符，同時割讓台灣。加上一九一〇年，日本也將朝鮮納入殖民地，確實如同何如璋的「預言」，陷入不幸的結果（可是，現在中國的教科書上是寫著，「琉球是被日本掠奪的中國固有領土」）。

後世史家給予他如下的評價。

「其業績，在國內並非眾人皆知，然而在琉球問題上堂堂正正地和日本談判，戮力改正不平等條約，則須多加發掘評價」（時永明「還何如璋本來面目」『梅州文史』）。

出生於以客家故地聞名的廣東省大埔縣，十九歲即以獨學接受科舉，且獲得秀才，二十四歲鄉試舉人、二十八歲當縣長，三十一歲通過科舉的最終考試，殿試（進士），四十歲擔任首任駐日公使的何如璋，在歸國後未博得西太后喜愛而懷才不遇。

可是，其生活方式卻留給日本人匪淺的印象。

「四年間的駐日中，努力和鄰邦保持友好，在朝野獲得頗多知己，同時和一般大眾也很親近交流。由於如此，和日本人結成很深厚感情。歸國時，天皇更饋贈花瓶、鏡、刀。……何如璋的爲人仍受現代人敬慕，家族性的交流依然被新世代傳承。」（『廣州日報』一九九二年四月二十二日）

其子孫和日本有密切關係，長男何壽朋之子何達天是在九州大學醫學院留學，和日本女性結縭，且在岐阜縣開業。最近，其家族和中國故地的親戚是半世紀以來初次連絡、交流（前揭『廣州日報』）。

郭沫若——辛亥革命至文化大革命間的波瀾萬丈生涯

以下介紹可了解客家生活的絕佳文章。

中國的作家又是學者，同時和日本有深切關係的郭沫若（一八九二～一九七八年）的自傳。

他是文學者，擔任由孫文創立之黃埔軍官學校的政治部員，在「北伐」裡從軍，中華人民共和國成立後歷任副總理、科學院院長、日中友好協會名譽會長等要職的郭沫若，在描寫故鄉四川省的幼少年時代文章中，有如下一篇：

「村人的地方意識根深蒂固。（中略）現在的四川人，從清朝以前的土著人非常少，大部分是來自他省的移民。這些移民在此設立自己的集團，祭祀獨自的神，擁有獨自的同鄉會館。雖已三百年餘，但這些地方意識，尤其本來的土著民和外來者的地方意識未被打破。」（郭沫若自傳『我的幼少年時代』）

漢民族從所謂「中原」之地的黃河流域一帶南下，大移動，如第一章所述，以秦始皇帝的時代為首次，在歷史上共計六次，但郭沫若所說的祖先，是指第五次的大移動。

明末率領農民起義軍，終於挽救「大西國」帝位的張獻忠（一六〇六～四六年）之亂以後，至清初期間，四川省是地主和農民、漢民族和滿州族的殺戮不絕，因人口銳減，成為人煙絕跡的狀況。

因此，入主四川省的清朝四處尋求入植者，結果因人口過剩而苦惱的廣東、福建省客家便紛紛流向四川。這不能說是客家的南下，而是西進。

「……我們的祖先是從福建移來，原籍是福建汀州府寧化縣。傳聞我們的祖先是背負二匹麻布來到四川，在封建時代不得不離鄉背井，赤貧是自不待言。」

由此可窺知，乍到異鄉的客家人是多麼窮困；但是，他們發揮了特有的刻苦耐勞精神，而漸漸積蓄財產。

「在外來者之中，我們一族較具勢力，因此和（土著）楊一族呈對立形態。有關土地、公私兩面一切事，背地裡都有相持不下的鬥爭。例如我們設立天足會（廢止纏足運動之會），他們便組織全會。」

由此可窺出，爲何客家歷史會被稱爲和先住民抗爭之歷史的一面。

☆衝向時代的最先端

有關纏足的「惡習」，如後述，客家原本即無此習慣。客家的女性十分勤勞，可說和男性一樣手執鋤和犁，有時會拿起武器，否則無法生存，因此才沒有餘裕時間纏足。

傳聞在漢民族之間流行的纏足，是首見於北宋時代，但最流行的是明代。在清代，康熙帝時常發出禁止令，但是連滿州族的女子間也開始廣泛流行，而客家的女性卻始終不染此「惡習」。

因此，對客家女性惡言「大腳蠻婆」（大足的野蠻女），鎭壓「太平天國」

的清大官曾國藩，對未纏足的太平軍婦女部隊的一句訾言）。

可是到了清末，連民間也開始發起廢止運動。然而對廢止纏足有決定性影響的是，如前述以廣東、廣西的客家爲中心的「太平天國」所出的禁止令（郭沫若的家雖是客家出身，但已是頗有勢力的中產階級，因此郭沫若母親是有纏足，但受到廢止運動影響，「五十餘歲我的母親，也在那時解開纏足」）。

此郭沫若自傳，是描寫故鄉四川省的大河大渡河（『三國志』的英雄魂歸於此；「太平天國」的領導者之一石達開渡河失敗而自滅；後來「紅軍」渡河成功等有因緣的河）沿邊沙灣市鎮周邊的美麗山河爲開始，其後提到此地雖是山間僻地，但對教育卻相當熱心的景象。

「或許是山水比較優美的原因吧！和附近的村落或鄉鎮相比，文化和風俗上是有些不同。

當然，此地原本是邊鄙的村落，因此無法追求太高的文化，不過此地卻曾出現近十位的秀才（規定的考試合格，才得以接受科舉＝登用官吏考試＝應考資格者），後來在最後的科舉裡出現恩賜舉人（科舉第一階段的考試＝鄉試合格者稱

和日本有深厚關係的郭沫若

爲舉人。恩賜舉人是和間隔三年舉行的鄉試有別，在皇帝恩惠之下臨時舉行的鄉試合格者）。這和附近的村落相比，有如鳳毛麟角，非常難得。」

由於生活於貧瘠土地上，客家才很重視教育，文盲極少，出現多人的科舉上榜者，以後再作詳述，其中郭沫若的故鄉也是其典型。

「茅寮出狀元」——從窮家出「狀元」（科舉的榜首）——客家諺語。

郭沫若的一生，時常在時代的最先端奔走。他留下藝術、學問、政治各領域的碩大業績，但一九六六年發生文化大革命時，他自我批判「我的著作應該燒毀，因爲毫無價值可言」，抹黑自己的卓著業績。

不過，在於對時代敏感的生活方式中，我們可窺得一位典型客家人的生涯。

鄧小平——步入客家路線的新主政者

一九〇四年八月二十三日，鄧小平在四川省廣安縣協興鄉出生。

依據鄧一族的族譜（家系本）之一『興寧鄧氏家譜』記載，其祖先是唐代（六一八～九〇七年）自「中原」移居江西省，其子孫又到福建省，接著移居廣東省而在梅州定居。在明末張獻忠之亂時，移居無人之地的四川省。此乃清朝獎勵廣東、福建省一帶的客家入植四川省而來。

在此之下，鄧小平的祖先鄧氏便成爲四川省的大地主客家。由於是入植無人之地，因此客家亦可成爲地主。其父鄧文明，是持續推展「反清復明」活動之秘密結社「哥老會」的四川省東部大老。

十六歲至法國留學，乍聽之下，似乎很風光，但事實上是稱爲「勤工儉學」，一面工作，一面就學，因此不必繳學費的一點，正是魅力所在，在機會不多的山間地裡，四川、湖南、廣東三省的參加者最多。後來成爲中國共產黨幹部的人材，如周恩來、李立三、陳毅、聶榮臻等人，都參加過留學。

鄧小平是在法國加入共產黨，充當留法學生間的領導者。

其後，至莫斯科的東方學院（東方勞動者共產主義大學）留學，以中國共產黨員而相當活躍。一九二〇年，中國共產黨在共產國際指示之下，策畫在中國各地發起軍事叛變。鄧小平被派往廣西省百色地區。

百色地區，是四成住民爲客家人的土地，在此被視爲自家人的鄧小平，大肆宣傳「農地解放」，同時成功獲得山間客家的支持。對於無耕地的客家而言，「革命」不啻於獲得土地之意。

武裝起義（百色暴動）成功，樹立「右江（珠江支流）蘇維埃政權」。其軍隊成爲紅七軍，鄧小平擔任政治委員，在國民黨軍反擊之下，紅七軍瓦解，但敗殘的二千人潛入江西省的山岳地帶（此地也是客家居住區），繼續抗戰。

後來，紅七軍抵達江西省瑞金，和瑞金蘇維埃政權合流，瑞金是「紅軍」長征以前的根據地，此次是爲了閃避國民黨軍的攻擊而據守於此山間的地區，此地也是客家的地盤。

這也顯示鄧小平能在此活躍的背景。歷經瑞金縣共產黨委員會書記後，又擔任軍的總政治部宣傳科長的鄧小平，泰半是承辦客家人的當地住民對策。在當地可以客家語和當地人溝通，因此中國共產黨的宣傳工作，很快便浸透於住民之間。

可是國民黨軍的攻擊相當猛烈，一九三三年，第五次攻擊時便攻陷瑞金（在淪陷之前，忠實的李立三等共產黨中央恪遵共產國際指示的「確保根據地」路線，而極力排除主張「放棄根據地」「游擊戰理論」的毛澤東派。結果，鄧小平也隨著毛澤東而塌台）。

在此之下，中國共產黨不得不開始長期行進，亦即長征。

爲了逃避武器方面佔優勝的國民黨軍，長征依然要通過山岳地帶，即廣東、廣西、貴州、四川的路線，一面推行農地解放，一面制定過去中國軍隊不曾有的「三大規律八項注意」（參照「洪秀全」之項）之嚴厲軍規的「紅軍」，獲得人

1938 年 1 月，為第 129 師團政治委員的鄧小平（左起第 2 人）

氣，吸收路線上的眾多住民。

一九三五年一月，在貴州省遵義舉行的遵義會議上，毛澤東再度復活。李立三等人的「工業勞動者中心」「放棄都市」路線被摒退，毛的「農民中心」「以農村包圍都市」的路線爲主流。

鄧小平也隨之復活，擔任紅軍總政治部宣傳部長，又開始從事向山間貧困農民推廣共產黨主張的工作。

一九三五年十月，銳減到只剩二千人的「紅軍」，業已抵達陝西省的延安。

在國共合作之下，「紅軍」被編入北部中國的八路軍和南部中國的新四軍，鄧小平擔任八路軍一二九師團的政治主任。

以後，一二九師團成爲鄧的「諳代」部隊。

因日本的敗戰，國共的內戰於此開始。在其末期，鄧小平擔任西南軍區政治委員，該軍解放四川、雲南、西康（現在的四川省西部和西藏自治區東部）的三省。然後，再進軍西藏。

中華人民共和國成立後，西南軍區政治委員鄧小平，兼任共產黨西南局第一書記，成爲西南中國（四川、貴州、雲南、西康省）的實際帝王。這對「人治」之國的中國而言，具有重大意義。這是意味建立自己的地盤，培養人脈。後來，鄧小平擢拔胡耀邦與趙紫陽分別爲總書記、總理，也是由此西南一帶培養的人脈引進中央的人材。

同時，歸返故鄉的鄧小平，立刻著手救濟長征路線上四川、貴州、雲南、西康各省（現已是自己的地盤）的長征脫隊者。因爲在嚴酷的行軍中，有許多因死亡或負傷而跟不上長征者。不背叛伙伴的精神，在此被發揮得淋漓盡致。

一九五四年，鄧小平先擔任黨中央委員會秘書長、黨中央組織部長，再轉任中央。

一九五六年擔任政治局常務委員、總書記，然而為務實家的他，抗拒以「大躍進」名義左傾化的毛澤東，而逐漸接近劉少奇。

大躍進失敗後，他與劉少奇合作負責實務工作，可是在一九六六年發動的文化大革命時，與劉少奇一起被視為「有產階級反動路線」，以致再度塌台（劉少奇是背叛者，被黨除名，鄧小平雖被保留黨籍，但被視為「黨內第二號實權派」，而剝奪其一切職務）。

直到一九七三年又復活。在毛澤東的心境變化上，是和一九三三年鄧跟隨毛有關係，不過仍以周恩來的背後工作奏功。

此後，鄧小平便邁步向「脫文革路線」前進。

可是周恩來死後的一九七六年四月，因第一次天安門事件而第三度塌台。同年九月的毛澤東死後，如第一章詳述，曾經一時期被掩護於廣州軍區許世友的軍營內。當時的四人幫，不敢在客家人眾多的廣州軍區裡出手逮人。

獲得掌握軍權的葉劍英支援下，再次回到中央的鄧小平，安居中國的「皇帝」之座。

拔擢現任總理李鵬，可說是鄧起用客家人的最代表性。同時反之，在一九八九年六月四日的第二次天安門事件裡，鄧也無法斷然處罰反對彈壓的國防次長秦基偉，乃因秦基偉爲軍長之務的第三十八軍裡，有眾多的客家系軍人，八九年六月的階段裡，協助鄧復活的葉劍英仍然健在。如同過去四人幫無法出手逮捕逃匿於廣州軍區的鄧狀況相同，爲現代「皇帝」的鄧小平也無法處分秦基偉。

一九九四年鄧小平無任何頭銜。此乃意味他能超越一切職位，自由操縱中國。因爲，他已獲得客家精神上的「長老系統」。數百年前從中原被逐放的「正統派、漢民族」後裔客家，是由鄧小平達成返歸北京中央＝中原之夢。

鄧小平未必過著和自己意志有關的客家人生活，其行動都常常會推動客家人的背，而挺身行動。

鄧小平業已死亡。可是他的開放政策，仍以離心力擴及中國。

第五章　以際遇不佳為踏石智取天下

團結力和相互扶助——「難民、流民」的堅強構思

☆團結是最大武器

客家諺語「三兄四弟一條心　門前土地變黃金」（兄弟只要心合一，則門前土地可成黃金）。

此乃表示比什麼都重視家族的團結。由於是先住民眼中的「外來者」，因此不團結便無法生存。一旦起了鬩牆之爭，就唯有死路一條。該場合所說的家族，是指在集合住宅「圍屋」共寢食的數百人的一族，因此團結並非易事。

客家的一族不僅時常遭到「村八分」（全村絕交）對待，連冠婚葬祭的交際也被拒絕，在「村十分」之目下被排斥於外。例如，前章詳述的「太平天國」反亂時，有多數的廣東、福建、廣西省的客家人參加，但真正原因是在這些南部省

分裡，爲土地所有權者的先住民和客家之間不斷發生激烈爭鬥，致使客家人陷入苦境。

爭鬥，時常發展成「械鬥」。所謂「械」，是指武器。在清代末期，「械鬥」時也使用火器類，顧名思義，是不斷賣命爭鬥。

同時受到「客家是非漢民族子孫」等種種歧視，因此，反而讓他們產生強烈的民族主義。

「家法嚴於國法」（家族的規定比國家法律更嚴）——客家特有之言。

另外，也有這樣說法。

「鄉案大似公案」（一族的規定是和政府的決定相同）。

不過，這只適用於客家之間的不成文律法。可說是客家彼此間的「規定」。

至於，此「鄉案」（一族之決定）是如何決定？則是一年二次，在春和秋由一族全體進行的「大鄉宴」（祭典）時決定。例如，決定冠婚葬祭之日、水利等公共工程之日等，均在此祭典時決定。

當然，婚禮、葬禮、新年賀禮、慶祝子女出生等，是一族全體進行。

亦即，「大鄉宴」如同是客家的「國會」。此習慣迄今仍然留存於客家之間。不僅「大鄉宴」，客家也設立各種「會」。如「觀音會」「關帝會」等，信奉相同神祇者的「會」，或為了整修橋樑或學校的「會」，或只有女性的「會」……，一言以蔽之，客家相當喜愛聚會。

遠赴海外的華僑中，客家佔的比率約百分之八而已，可是以「同鄉會」數之多，則以客家為華僑中最多，由此可證明客家是多麼喜好「會」。

在此方式之下，他們有力地維持強固的團結力。

至於一般的中國人，未必有強烈的團結力。無論今昔，都有眾多不團結的範例可作參照。也因此，使客家的「團結力」能在各種場面裡發揮力量。

☆「公嘗」「義倉」系統

維持一族的團結，俾順利推展相互扶助的系統之一，是被稱為「公嘗」（大家一起接受之意）。一言以蔽之，是一族的共有財產。普通，父母的遺產是由兒子繼承，但在客家之間除此之外，尚須維持「公嘗」，被使用於子弟的教育、先

香港、新界地區戴著涼帽努力農作業的客家少女

祖或神明（鬼神）的祭祀等一族全體。

採取「公嘗田」的形態，爲數不少。除了家族單位的耕田之外，設置一族全體耕作，將其收穫作爲共有財產的制度。這在終章會有詳述，現在的琉球仍保留此「公嘗」系統，讓人確信琉球與客家的牽絆關係。

在後文提到，客家的教育水準是拔尖的，文盲率幾近於零的理由，是因客家子弟依「公嘗」可給予平等的教育機會。

客家人如孫文喜歡說的，也喜歡寫的一句話，「甘苦來時要共嘗」（幸運、不幸，大家一起承受），句中充分發揮「公嘗」的客家智慧。

客家俗諺，「人平不語　水平不流」（人若平等，就不會不平），客家傳統上擁有的公平觀念，可說是從生活中衍生而出的智慧。由於如此，才會產生「客家不互相爭執」的不成文規律。

同時有「義倉」系統。以家族單位提供部份的收穫，貯藏於共同倉庫，在飢饉或災害時供一族全體使用的系統（前章已述，該系統是和朱熹構想的「社倉法」有關連）。同時，被使用於以低利貸款給貧農。「義倉」，不僅救濟農民，而且對安定社會也有裨益。

☆在他鄉不問意識形態

客家的歷史雖和與先住民之間的抗爭歷史相同，但先住民之中不乏同情客家的人士。一旦得到這些人的恩義時，客家會終生不忘。因此，客家有一諺語——

「人在人情在。」

一般都是受到冷落，所以對於承受恩義的感激之情會相當強烈。若非客家出身者，也會給予和客家相同的禮遇。

如第二章敘述，在天安門事件時即將被逮捕的趙紫陽總理（當時），是被掩匿於廣東省的客家裡。他本身非客家人，但長年在廣東省的人民委會裡爲客家出身的政治家、軍人工作。

同時客家人遠離故鄉到海外，都會在當地組織「崇正會」，以鞏固團結，可是最有趣的是「會」的構成員，未必是同族、同鄉。只要是客家人，則任何人均可加入。甚至不是客家人也能加入。其實，我也是「東京崇正公會」的會員。

爲日本最大崇正會的「東京崇正公會」，其會則第四條如下：

「凡具有客家意識，或對客家有興趣的任何旅日者，均可加入本會爲會員。」

一九九四年三月二十六日受邀參加大會的我，也被允許加入成爲會員。

亦即，世界各國、各地的「崇正會」是以相互扶助爲目的，至於黨派性或意識形態性都相當淡薄。各種事業都共同進行，或以設立基金爲目的，因此可說無政治色彩。

由於如此，在上述的「東京崇正公會」上，大陸來賓和台灣來賓同席互相寒暄，實現令人無法相信的光景。世界是如此廣大，但大陸方面和台灣方面能在同一會場上同席的景象，也只有在客家聚會上才能見到。

以前發生的對柬埔寨難民的對應，可顯著看出海外客家組織的無黨派性。眾多華僑或柬埔寨人從內戰狀態的柬埔寨脫逃時，給予救濟最熱心，又最有效果的是，旅居泰國的客家。

其他的華僑組織也伸出援手予以救濟，然而是以救濟同鄉者爲中心，至於他鄉者的救濟就被忽略了。但看看客家組織，在救濟之際並未區別客家人和其他的中國人，當越南或阿爾巴尼亞逐放自國內的華僑時，客家組織均能敏速反應。

同時以歷史而言，客家是在千年以上的期間從「中原」被放逐，輾轉所到之處無不受到迫害的「難民」群。因此，也不欠缺救濟難民的專門技術。前文說過，協助孫文的海外逃亡，不是他人，而是客家人。

出外在他鄉的客家，不區別客家人和其他中國人，已在第一章說明，此因擁有「我們才是純粹的漢民族後裔」的強烈「精英意識」使然。此「精英意識」和「外來者」的「情結」，成爲表裏一體。此複雜的自我意識在歷史上的各轉捩點爆發，現在是爲了開拓中國的未來而驅動客家。

以子弟的教育為賭注——不捨「中原之民」的榮耀心

☆山間僻地的學者輩出

前章的「郭沫若」已引述，客家雖居山間僻地，但對教育的熱誠卻異常高。可說想要發跡成功，唯有在學問上努力不懈以外，別無他法了。但是，未必只是如此理由而已。

「讀書耕田　忠臣孝子」（一面耕作，一面努力於學問，對國盡忠義，對父母或老人盡孝道爲要）。

這也是客家人喜歡說的一句話。到現在雖然還很落魄，但爲了返回「中原之地」，不忘君子之禮的氣概的一日，促使他們專心努力於學問。對漢民族而言，柔弱的讀書人原本是被視爲卑下地位。戮力於學問的另一方面，也勤於田裡的耕作，能夠的話，能兼備武藝才是被尊敬的人物。爲了臻此目的，才以「公嘗」支援教育。

如此的氣概，才使山間僻地的英傑輩出。

據說現在的中國，平均四人有一人不識字，其中百分之七十五是農民。與此相比，泰半是農民的客家的非識字率幾近零，是令人十分驚異的事實。

當然，科舉的上榜者，和其他地區相比是異常的多。

在我手上，有一本書『嘉應州志』。是有關廣東省客家故地的地誌。其中一篇是記述以客家的「父祖之地」而聞名的梅縣。

「在梅州出身者中成爲進士的，在唐代有黃僚、宗代有古成之、古宗悅等七人，元代有二人，明代有七人，其中的一人李士淳，是入翰林院（主司詔勅起章等的官廳＝筆者註），清代更高達六十七人」

進士，是指在科舉的鄉試、會試上及第，也通過最後皇帝親臨考試（殿試）的取高位者，中國全土裡每年只有若干名，顧名思義是秀才中的秀才。

依據清代的人口統計，客家人佔全中國人的比例，只有百分之一左右；但是，進士合格者卻高達全體的百分之八以上。這是令人驚異的高錄取率。

鄰接梅縣的大埔縣，在明代有進士七人、舉人（通過鄉試，取得進士的考試資格者）三十三人，清代是進士四十二人，舉人二百五十七人。

『嘉應州志』中，也有如下記載：

「辛亥革命後，在同州（梅縣）一帶，對學校教育非常傾力。即使抗日戰爭中的不安定時期，梅縣一縣的小學就有六百四十所，學生數高達六萬人。

中學、高中、師範學校、職業學校也達到三十幾所，這些學校的畢業生年間超過千人。在過去，大學只有嘉應大學，但現在已有南華大學。就讀國內各地大學者頗多，遠赴海外留學也不少。」

☆客家語近似北京語，所以科舉上較有利

最近的日本，對客家的關心愈來愈高，電視上也會介紹客家集落，而遠赴海外發跡成功的客家在衣錦還鄉時，第一件事是捐款給學校。各位讀者應該在電視上也看過這種畫面。

對於在海外成功的客家而言，在出生的故鄉捐款，設立冠上自己姓名的學校是莫大的喜悅。

由於如此，使廣東省東北部的寒村梅縣，從共產黨政權以前，就以全國最多學校的縣而聞名。但是，大多數是私立。

學校以外，還建造許多圖書館、體育館、公民館等。來自海外客家的匯款，不會用在生意資本上，而會購置耕地，建造家屋，所餘則全部用在教育上。

靠近梅縣的興寧、五華、平遠、蕉嶺等客家地區的縣，也有同樣情況，因此學校也特別多。

文化大革命時期，知識教育被全面否定，但聽說海外客家的匯款仍然不斷。當然，現在對自己故鄉一族的學校的捐款或匯款仍持續不絕。

但是，客家在科舉上較強，成爲政治家或軍人而在中央活躍的最大語言之一，可說在語言上的有利。

第一章已詳述，客家語被認爲很接近宋代末期的「中原語」（北京語）。中國文明是以其發祥地黃河流域，即「中原」（中域、中州、中國等名稱，均指世界之中心）爲中心，由此南下長江流域，南宋之都是設置在現在的杭州附近，但客家人更加南下，移居到華南之地。

縱然如此，仍持續保持「中原」漢民族傳統文化的客家人，也一直保持「中原語」。

當然，客家的「中原語」會因地區而略有差異，現在已分裂成八種方言群。

可是即使過了一段時代，住在南方各州的客家仍然會說北京語。

由於如此，使科舉最終階段的進士考試產生有利作用。在皇帝親臨之下進行的最終考試（殿試），當然是以北京語進行。

無論今昔，廣東、福建省等南方各省的人想說北京語，可說至爲困難。這比日本人學英語更難。即使學習到某程度，還是無法避免廣東語、福建語等腔調。

「天不怕地不怕唯怕南方人講官話」（天、地都不怕，唯一害怕的是南方人說的官語＝北京語），這是蔑視南方人之意。

但是，客家人卻沒有這樣的自卑感，所以客家的科舉錄取率才會高，而且容易向公用語爲北京語的中央邁進。

客家語極接近北京語，可能只到明代左右而已。其後廣東腔愈來愈濃，因此客家人也愈來愈難說一口字正腔圓的北京語。率領「太平天國」的洪秀全，和孫文都接受過科舉，但聽說礙於北京語而落榜。

但無論如何，客家對教育的熱心幾近「信仰」程度，歷史上保有優秀業績的客家文化人不勝枚舉。

注重先祖與傳統——「被歧視者」的反擊

☆以集團自衛抵禦外敵

客家的傳統住居「圍屋」，是形同城塞似的集合住宅，這在第三章已經詳述，對防範外敵的侵入有防衛上的極大裨益。

外敵是指先住民或異民族，這已再三說明，可是從另一角度來看，這成為中

抵達延安的毛澤東（中央）、朱德（右）、周恩來（左）

國古代的歷史。在外敵侵入、飢饉或災害之下，無法住在都市或農村的人們，紛紛逃往山間築起城塞據守的景況，不只限於客家，可說是流民、難民化的漢民族普通姿態。

在此說明，毛澤東與朱德據守的最初革命根據地「井崗山」。

一九二七年九月，被蔣介石的國民黨逐放的毛澤東和朱德，只帶著二千人的勞農軍逃往井崗山。

位置在江西省西部，湖南省的省境附近的此山，擁有標高一千～一千八百公尺的五座山峰，而毛與朱在此五峰設置碉堡，在山峰包圍的盆地建築要塞。

此地與周圍的平原部的標高相差約五百公尺，行走數個狹小山道，才能抵達此地，正是易守難攻的要塞。

共產黨軍方，在山麓的市鎮設立本部。

對毛澤東等人而言，此地可說是重振與養息的絕佳根據地，但事實上，在此不毛的山地也有先住民。即客家。五個聚落裡約有二千人的客家生活著。

「……此地是行政不及的場所，由二個匪賊（野盜團）控制的土地。是由王某和袁某率領的二團。」（哈里遜・E・索利斯培里『長征』，岡本隆三監譯）

住在此地的部分年輕客家人，爲防備平地先住農民的襲擊而武裝，由袁子才和王佐二人率領。他們接納毛澤東和朱德極力的說服，加入勞農軍（勞農軍離去後，二人便死於非命）。

爲了說服他們，同屬客家人的朱德是不可忽視的人物，這是不難想像的。

在此地，朱德設立繼承「太平天國」軍紀的「八項注意」，以統合勞農軍，這已在前章「洪秀全」中敘述。

世界史上稀有的大行軍「長征」，能受到途中客家地區的援助而成功的情形看來，現代中國的誕生，若沒有客家的存在便無法實現。

☆「圍屋」是一個都市模樣

索利斯培里所描寫的井崗山客家聚落情景，極爲寫實。

「據守在井崗山可說是一種賭注。無道路的山間，所仰賴的是貧瘠的農地，此外無其他任何產業，而深山裡亦無學校，即使想掠奪地主的食糧給予士兵，也無地主的存在。

山岳地帶的迷信相當風行，人們相信幽靈的存在，以稱爲『風水』的中國魔術，占卜結婚的可否、男兒妊娠的有無、住居或井戶的方位、疾病之治癒等，同時以法術咀咒敵人。」

此地的山岳地帶，是最典型的客家聚落。農地貧瘠，生活困苦，可是在堪稱天然要塞的險要地勢保護之下，仍能保持傳統文化。

可是，客家若想在平地生活，則須設置城塞，以防範外敵侵害。此乃所謂的「圍屋」。

尤其是「圓樓」，充分具有城塞機能的集合住宅。被土牆包圍的三層樓、四層樓建築的圓形建物，出入口只有南方一處。窗口是開在眺望佳的三樓或四樓而已。所以，無近代兵器之下是不可能攻陷此建物。

內部除了有居室、家畜小屋、穀物倉之外，尚有共同使用的客用廣間（客所），同時有祭祀一族祖先的「上堂」。這可說是能容納一個村落的建物。

中國的都市，必有城塞保護。文內已再三敘述，漢民族是因異民族的侵入或災害，或人口增加，而數次從黃河流域的「中原」之地被逐放，以致不得不向長江流域，或華南南下。但另一方面，亦可謂「植民」之歷史。漢民族所到之處都會設置城塞包圍，而在其中建造都市。

在先住民方面，並無建造城塞都市的構想，因此一看即可區別該城是漢民族的都市或其他民族的集落。

若未整備建造此城塞都市的條件，那麼，他們是如何對應？其答案是「圍屋」，尤其是「圓樓」。

亦即，「圍屋」是極度縮小城塞都市姿態的變形之一。

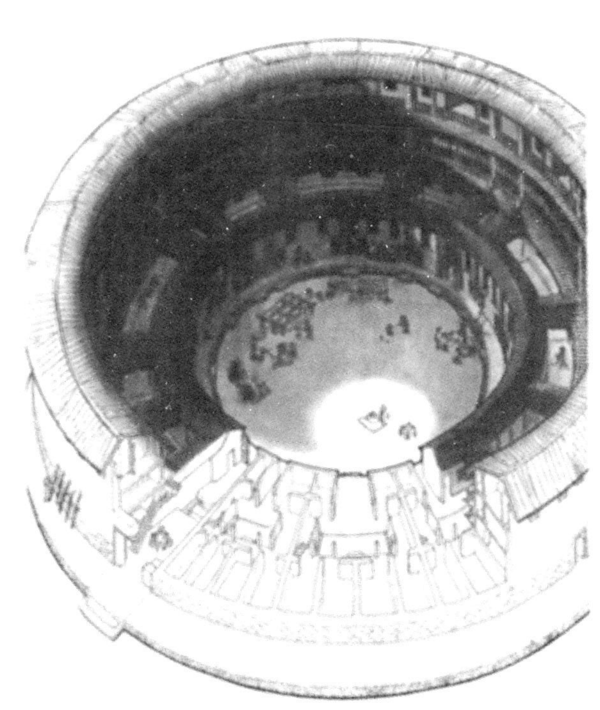

▲「圓樓」的內部透視圖

▶抱著孫兒的客家老嫗

客家俗諺——

「人心不定　冬天要屋矮　熱天要屋高。」（人心常變化。冬季要求天花板低，夏季說要高）

此諺語似乎也在表達住在擬裝都市「圍屋」的漢民族後裔客家人，認爲只要有讓人安心居住之所，便無過高苛求的一種悲哀感。

☆「婚嫁」與「第二次埋葬」

爲了解客家人之間傳襲的漢民族古來傳統文化，則觀看他們的冠婚葬祭，不失爲捷徑。

例如結婚。客家的結婚，基本上是「娶新娘婚」。

客家，比一般的中國更重視族譜（家系本）。對於自認來自「中原」之正統派，漢民族後裔的客家而言，證明自己的身分才最重要。例如，先祖是從明末來到廣東省梅縣一地，則將其先祖當作第一世，然後記載每一代家系迄今，乃客家一族的「家寶」。

在香港・新界地區身著傳統衣裳的客家老嫗

提到族譜，原本排除女系，只記載男系的血脈，因此只寫男子的姓名及其業績、墓地等。亦即，如同以家長爲中心的父系社會象徵，至於客家方面的家父長制傳統色彩相當濃厚。

「婚嫁」，是重視此家長一族血脈的結婚模式。

若是招贅，將混雜一族家長的血統。爲防範此現象，因此才避免「娶婿結婚」（招贅婚）。其實和客家以外的民族結婚，只要是娶入即被允許。因爲，可繼續保持客家的家長血脈，同時，忌諱同一姓婚姻。

提出結婚是由男方一族或父母向女方

提起。充當仲介角色者，稱爲「媒人」，男性是「媒人公」，女性是「媒人婆」。後者是壓倒性的多，普通她們都能得到相當的謝禮。

如上述的客家結婚，是以一族的水平來考量，其結果，以家長爲中心的一族牽絆關係持久屹立不搖。若非如此，則稱爲客家的「民族」就會斷絕，同時先祖或神明的祭祀可能也會有忽略的危機感，迄今依然強烈。

一般而言，在中國北方是以「娶婚」居多，但南方是因母系社會的傾向強，因此「招婿之婚」也不少。客家一面居住在南方各省，一方面仍保留「娶婚」的風習，正驗證客家是從北方南下而來。

但是，也有在幼年就被他家領養而工作，俟主子家的兒子成長後結婚，或者和未出生前的男子結婚（童養媳），皆因貧困造成的悲劇。

另一方面，葬禮的習俗，也和一般中國人的習俗不同。最大差異是進行「第二次埋葬」。

過四、五年後，再將埋葬的死者掘出，使用椿油逐一清潔每一根遺骨，再收入稱爲「金罌」的陶製瓶，最後重新埋葬於墓相佳的場所。

此埋葬法，是在中國北方地區早已失傳的習俗，但琉球仍保有此習慣而聞名。現在的北方中國人之間，都只進行第一次埋葬而已。

客家之間仍保留此習俗，主因是客家相當熱中於維護漢民族的傳統，不過尙有一理由。即因外敵侵犯而逃亡，或遠赴海外等，不得不移住的情形極多。可是，客家無論移住多麼遠的國境，終究會將先祖的遺骨攜出，來日將其遺骨一起帶回故鄉。爲了能隨時取出，於是客家儘量淺埋放置遺骨的陶瓶。

稱爲第二次埋葬的傳統，使他們能隨身攜帶遺骨。

同時在「立春」之日，一族人一起參拜先祖之墓。作爲農家一年循環之始。此參墓稱爲「掃墓」，此時會攜帶沾雞血的黃色紙。將這些紙放置在墓上，用草壓著，在墓的周圍排列十二枚銀紙。也因此，掃墓又稱爲「掛紙」，這只是客家的說法。

爲何如此？有何意義？其來源典故已無人知曉，不過來自古來的習俗是不容置疑的事實。

☆忍耐粗食，不忘飢餓

從客家諺語中，可窺得不少他們的生活信條。

「食得肥來　走得瘦」（食會肥，步行可瘦）。

「田螺只知食　不知背生柳苔」（田螺只知吃，不知背部會生苔）。

「只惡人情奴　食番薯湯也是清甜」（氣氛良好之下，喝甘藷湯也美味）。

他們的飲食生活，是極素樸。無論多麼成功或富裕，仍然不會改變。客家的主食，是米和甘藷。聽說以前他們不吃粥，但今日已和一般的中國農民同樣吃粥。客家是住在內陸部，會吃河川的魚，但不吃海魚，也不吃海苔。另外，食用狗肉則是特徵。

「冬至來食羊，夏至來食狗」——客家特有的語言。

在料理法方面，一般的中國人都是細切，但客家人是擅長以中華菜刀大塊、

以豆腐代替餃子皮，塞入肉糰作成的釀豆腐。炸過後再煮。

大塊剁菜。

同時，煮的料理多，以炸、烤少爲特徵。

「炒菜時，油多會更美味」，由此言可知油膩的料理也是特徵之一。這可能是在山裡工作、田裡工作的重勞動須多加攝取脂肪分使然。

釀豆腐，是客家特別偏愛的一道料理。這是從薄切的豆腐腹部切開，塞入肉糰炸過後再煮。這是新年或祝賀席上不可或缺的料理。形態與味道，類似餃子。

可是，餃子是中國北方的飲食文化產物。日本流行食用餃子，是在大戰後，從滿州等地返國者引進而來。

依據客家傳承，從北方南下的客家先祖，亟欲製作餃子，卻找不著做皮的小麥粉。在中國，本來北方是以小麥，南方以米爲主食。因此，才以豆腐代替皮作成和餃子相似的食物。

福建省西部汀州（長江）地區的客家，其製作的三角豆腐餃和釀豆腐的作法不同。它是在切成三角的豆腐中塞入肉糰後，直接用蒸的料理法。

食用餃子，主要是以不忘北方的「父祖之地」爲目的。這可說證明客家是「中原」漢民族後裔的證據之一。

提到豆腐，在中國有各種類的豆腐。諸如加入香料烹煮的豆腐，再加以乾燥或燻製的豆腐乾，是各地都能看到的食品，聽說由汀州客家製作的才是天下極品。爲了讓前往外地留學的兒子，能在途中，或抵達目的地時才食用爲目的，父母精心製作讓子女攜帶的習慣（『客家風情』中國社會科學出版社）。

此外，筍乾、蘿蔔乾也是美味珍品，不過這都是非常食、攜帶食。

在中國，自古以來就常因飢餓而苦，尤其客家更備嘗苦汁，因此在客家的遺傳因子中，可能組合了「忍耐粗食的智慧」。

「淸貧」一詞，是無法表達其苦難。

☆客家的四項精神

簡潔表現客家精神而常被引用的是，創設「虎標萬金油」發財的福建省出身客家人胡文虎的口頭禪。

他在『香港崇正會總會三十週年紀念特集』雜誌的序文上提到，「客家人的特色，可列舉以下四點：

第一，『刻苦耐勞』的精神。我們的祖先爲了逃亂而南遷，忍耐苦惱，不恥貧困，以強健的身體和刻苦的精神求生存。此精神被繼承爲美風，不問男女貧富，始終維持勤勞的精神。

第二，『剛健弘毅』的精神。先人遠離故鄉，雜居在先住民之間和山間的貧地上，有時會蒙受外敵的攻擊。在此狀況下，唯有保護自己才得以生存，也因此產生尙武氣息。加上，處世謙虛又勇於守義的風氣。男性富有剛毅沈著之風，女性拒絕纏足，保持健身之風。

第三，『創業勤勉』的精神。客家人在他鄉同樣勤勞善恩，富有創業精神。女性戮力於農作業和家內工作，不使男性抱有內顧之憂。因此，男性才能安心遠赴他鄉工作。從數百年前，男人便越過萬里的波濤，向開墾的大業挑戰，造就了今日客屬（客家＝筆者註）發展的基礎。

第四，『團結奮鬥』的精神。先人世事多難，因此須鍛鍊身體，充實氣力。他們知道獨立不易，因此以團結克服困難。無論處家安居，或在異境，客屬的族群必定相助，團結一致對抗外侮與外壓。此精神慢慢擴大，進而對中華民族的發展有重大貢獻。」

在以上言詞中，盡言客家人走過的苦難歷史，以及為了克服而產生的氣概。

以下，介紹數則客家諺語：

《金錢方面》

「欠嘴不欠債」（不多話，就不會借錢）。

「有錢皆因勝錢起　窮苦人人尋錢」（有錢人是錢滾錢。貧乏人是人去找錢）。

「講大話　出少錢」（說大話的人，總是吝嗇不出錢）。

「輸錢皆因勝錢起」（賭博會輸，是因賭博贏而開始）。

「人求我三月春風雅　我求人六月雪」（他人求我時如三月春風的溫柔，我求人卻如六月雪＝求不到）。

「有錢十里香　何必新衣裳」（只要有錢，十四四方的人就會看待自己爲大人物。即使不買新衣穿，也受尊重）。

《處世方面》

「閒人是非多」（閒人做的惡事多）。

「先敬衣裳後敬人」（先以衣裳評論人，再評斷對方爲人）。

「大人用講　細人用槍」（大人說理，小人先出手）。

「能者自謙　鄉原自誇」（有才能者謙虛，僞善者好自誇）。

「謙者成功　誇者必敗」（謙虛者會成功，好誇者必失敗）。

「病由口入　禍從口出」（病是從口入，禍害是由口出）。

「世間女人半有意　半無情」（世間的女人一半持有柔美的心，一半是懷著冷漠的心）。

《疾病方面》

「七分病　三分藥」（治療疾病，是氣佔七成，藥佔三成）。

「心病無醫藥」（心病，是藥物、醫師都無法治癒）。

「久病無孝子」（長期患病失孝子）。

「除死無大病」（除了死以外，沒有大病等）。

☆不纏足的勤勞女性

誠如胡文虎所言，客家的女性確實勤勞。

前述的郭沫若，於一九五六年返回客家故地廣東省梅縣觀察時，如以下詩詞，對客家女性讚不絕口。

肩挑前後掛著雞和行李的竹棒，身後背著稚子的客家女性。廣東省北部的始興。

健婦把犁同鐵漢（工作的女人拿著犁，和硬朗的男人相同）。

山歌入夜唱豐收（一面唱著山歌，一面工作到入夜，歡樂歌唱豐收）。

山歌，是到野外工作時所唱的客家特有的，充滿哀愁的歌，即使日本人聽到也會爲之動容。

以收集山歌而聞名的清末詩人，且是外交官的黃遵憲，是廣東省梅縣出身的客家人，對女性的特色做了如下敘述：

「天下之大，但再也找不到強過客家婦女的勤勞者。穿勞動用的鞋子，簡單束起頭髮，從事和男人相同的工作。其中有人赤足在田野中背負荷物工作。在家中，男的出外賺錢；但若是待在家中，也只是睡懶覺而已。所以，耕田、織衣、做衣服、飼養豬、牛、家鴨、雞，都是她們的工作。」

至於黃遵憲，是在前章敘述首任駐日公使何如璋的隨員而來日，後來自己也擔任駐日公使的親日派人物。

在此介紹一首客家的童謠：

「勤勞又儉約的女孩，隨著雞聲就起床。梳髮洗臉、煮茶、竈、鍋也磨亮……」

反之，也有諷刺懶惰女性的童謠。

「懶惰女孩的話很怪異。我是在中午以前，被吵醒好幾次以後才起床。太陽高掛，鍋竈冷冰……」

西洋人對客家女性的勤勞也讚嘆不已。長年在客家居住地區從事布教活動的美國傳教士羅勃·史密斯，在著作『中國的客家』中提到——

「初次踏入客家居住地區的人，一定會懷疑自己的眼睛。因爲，在街上吆喝做生意的，火車站或碼頭的苦力，在農村裡耕田，在深山裡刈柴，或在建築工地從事砌磚重勞力工作的，幾乎都是女性。不過，她們不是被強迫從事這些工作，而是出自自己意願去做的。」

他在書上也提到，客家女性聰明又有禮儀，加上熱情親切。

此書是在一九〇五年出版，但這並非過去的故事。

我所居住的香港新界，時常可見身著上下全黑的衣服，頭戴罩著黑布竹編的帽子「頂竹笠」（又稱涼帽）的她們，在田裡勤勞工作。此帽子是遮陽用，出自宋代的風俗。她們嫌忌異民族支配的清代風俗，迄今仍固執地穿著明代或宋代的衣裳。

☆重視「風水」

誠如前述，有關「井崗山」客家聚落的索利斯培里所描寫的，客家是很重視「風水」。堪稱漢民族土著信仰的此文化，迄今客家仍比一般中國人更持續應用於生活上。

「風水」，不可能以一言說明清楚，不過簡單的說，是指在建造都市或住居、墓等之際所考慮的「哲學」。例如，客家至今仍保留的「第二次埋葬」習俗，是先清洗白骨化的死骨頭，再重新埋在墓相佳的場所，而此「墓相」的想法，即是「風水」的概念。

何謂「好墓相」？是指北、東、西的三方有山，南方開闊的地勢。人們咸信，尋得此地勢的場所埋葬，不僅死者能瞑目，子孫也能繁榮。

在四世紀（東晉時代）的文獻（郭璞『葬經』）裡，記載氣是遭風即散，被水界即止。故有蓄氣的必要，「得水爲上。藏風次之」（因此，得水和藏風）爲葬法的原則。

亦即，「風水」原來是考察人的葬法的學問。蓄積的氣（能量）接觸到返歸大地的骨骸，死者就有幸，亦可保證子孫繁榮的概念。

爲何重視風和水？對北方中國人而言，北風會帶來冷害，大雨則是氾濫的威脅人們一般，風和水是人們生活上的重大關心事。

『葬經』另一節裡有如下記述：

提）。

「在葬人上，須選左青龍、右白虎、前朱雀、後玄武的地形」（墓面南為前

在中國，古來便相信東西南北的四方之涯有職司風之出入的神。青龍、白虎、朱雀、玄武是四方的神獸（四神），被配置在東、西、南、北的方位上，以季節而言，各分配在春、秋、夏、冬。

至於此四神相當於何種地形？首先被配置在北方的玄武，是以龜和蛇糾纏一起的姿態表達，是意味蒼鬱山脈。東方的青龍，是宛如龍似的彎彎曲曲的山（龍脈），西的白虎，是如虎蹲的山，南的朱雀是低地，因此是水流的地形。

此地勢才是「好墓相」，但並非只限於墓地，也適用於定住居。的確，在此地勢的場所建家，在心理上、景觀上必可獲得舒暢的安定感。

不過在建造「圍屋」的場合，如前述，是無法在悠哉閒適的心態下建造的「城塞都市」變形，因此周圍的土壁本身代替山的作用。「圓樓」的情況相同，所以在北側無出入口。

中國歷代王朝之都，泰半依此「風水」的「哲學」營造，實在令人頗覺趣味。

在『三國志』裡，充當劉備的使者，與孫權會面，訪問建業（今南京）的諸葛亮（孔明），見到此地時感嘆說，「鍾山龍盤，石頭虎踞。此乃帝王之宅」，這是一則有名的故事，後就吳帝位的孫權，便置都於此地。

諸葛孔明的此看法，顯然是依據「風水」的「哲學」。現在，當時稱爲建業的都市（比現在的南京規模小。爾後，東晉時代改稱建康）的東方有「鍾山」（現在的紫金山），西方是「石頭山」（現在的清涼山）。應該有蒼鬱山巒的北側，只有低矮山丘，不過以玄武湖替代，而且從長江由西往東流，成爲天然要害。

現在的中華人民共和國首都北京，從十二世紀女真族的金設都以來（當時稱爲燕京），都是個大都會，蒙古族的元也在此設都（大都），明也從南京遷都到北京，再由清繼承。

北京在「風水」上的優秀，是一目瞭然。位置在華北平野向北的儘處，在北、東、西三方有四百～一千二百公尺的山脈包圍，向南是向平野開展的袋狀地勢，最有趣的是，金和元置都於此之際，連女真人或蒙古人均以「風水」的「哲學」爲基礎。

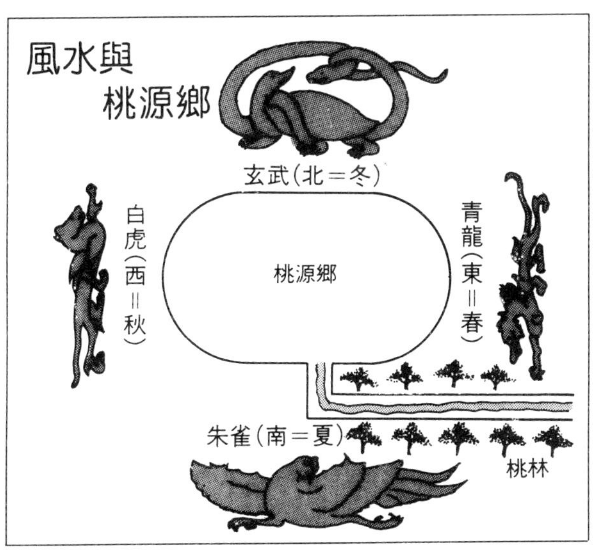

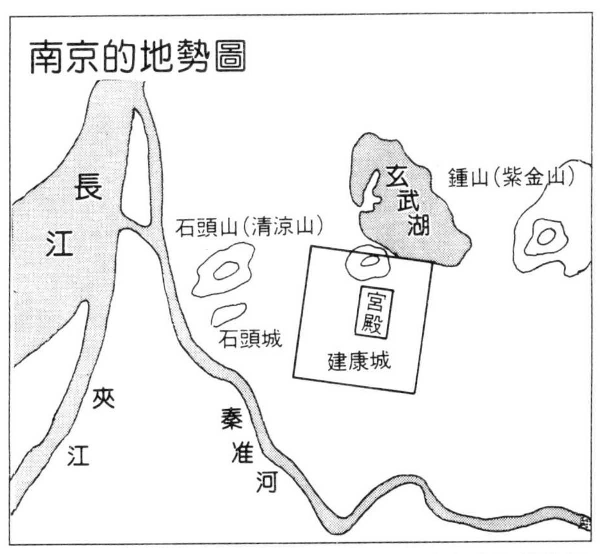

東晉（317～420 年）之都建康（南京）想像圖

此外，傳聞元世祖忽必烈，在宮城北側建造有五座山頂的人工山。現在的景山公園中的景山（四十三公尺）即是三方被山包圍，加上配置萬里長城之下，仍被認爲「風水」不理想使然。

☆科學萬能時代的「桃源鄉」

韓國的漢城，三方被小高山包圍，南方有河川流動，在「風水」上是幾近理想的國都。一千二百年前，由桓武天皇造營的「平安京」，確實也取用「風水」的「哲學」。

如此般的「哲學」是與聞名的桃園鄉構想有關連。

以『歸去來辭』聞名的陶淵明（三六五～四二七年）的『桃花源記』裡記述，在武陵（今湖南省常德）山中的谷川捕魚的魚伕，不知不覺中行走到一起桃花遍開的仙境，他繼續行走，走到桃花林盡處的水源，出現一座山，其中有一個小小洞穴。一線光芒從洞口射出，感覺不可思議之下便隨光源走入，起初是可通行一人的狹窄洞穴，可是一會兒之後便出現開闊的村莊。在那裡，住著逃避戰亂

傳聞在琉球戰爭之際，美軍將琉球獨特的龜甲墓錯覺為戰壕

而來的百姓子孫……。

文內的桃源鄉，被認爲是「風水」上最理想的地勢原型。即四神交會、陰陽相和，「水火土金水」五氣均勻流動之處，一切均是安定的大地中心，「世界之中心」（中華）。因此，是最適宜天子居住之都，亦是死者最佳的埋葬場所。

在如此理想的地勢之中，「五氣」集中之點爲「龍穴」。

作家荒俣宏先生指出，桓武天皇執政務的大極殿在平安京的「龍穴」上，是一項深饒趣味的考察。

所謂「山水畫」，其實是描繪此桃源鄉，即「風水」上理想之地的幻想圖。並非看著桂林的峨峨山水才描繪出的寫實畫。其後才「發現」，桂林就是具現「山水畫」世界，令人驚異的實在之地。

不只作爲墓所之際的地勢，廣東、福建省等客家地區的墓所，墓的內部本身，便擁有桃源鄉的構造。亦即，連繫外界的小道一端展開如母體胎內的空間。

琉球的龜甲墓，也有相同的構造，正表示琉球與客家文化的因緣匪淺。

視此「哲學」爲迷信而一笑置之，就很簡單。或者，如前述索爾培斯里在井崗山的客家聚落裡所描寫的，「被稱爲『風水』的中國魔術」的想法，也是一種解釋法。

可是，不只在大陸，連朝鮮半島、日本也都相信此「哲學」，被呼籲是科學萬能之弊害的當今，可視爲先人的智慧而重新被評估。

客家是不會在意被嘲笑爲浦島太郎（迷信者），反而以作爲中國人的身分認同而持續保持此「哲學」。

東北、東、東南、南、西南、西、西北、北的八方鬼神圖

☆信仰鬼神

以日本式而言，鬼神就是指「八百萬之神」。形態上，有時是人，有時是動物，有時是山，有時是人獸合體，有時則是虛構的生物。在「風水」一節中出現的四神，玄武、青龍、白虎、朱雀亦是。連聞名的孔子、關帝（關羽）也是。

亦即受到道教影響的萬物有靈論，不過此鬼神信仰廣布於中國人之間。其中，中國南方對此傾向尤強。

另外在客家之間，尚可見到獨特的鬼神信仰。

例如，七月十五日「中元」之日是盂蘭

盆，因此一般中國人是在野外祭祀先祖之靈（鬼神）。但與此相對，客家是將此日當作地官大帝，即大地之神的生日，而進行感謝之祭。

同時十一月中旬的「冬至」（客家稱爲冬節）之日，客家聚落使用米的粉末作成湯圓供祭鬼神，也讓牛隻食用，當作飼牛的生日。因此，此日又被稱爲「牛生日」。

由此可知，屬於農耕民的客家是相當重視季節的嫓嫤。客家爲了獲得現金收入，古來便栽培菸草，迄今仍不忘感謝賜予恩惠的大地。

客家信仰的主要鬼神，是媽祖和被稱爲三山國王的神。

根據傳說，媽祖是在十世紀後半實際存在的少女演變而成的神，她在自宅機織時，只有魂魄出來去搭救遇上海難的父親。自宋代以來，被歷代朝廷封爲靈惠妃、天妃、天后等官民通信的鬼神當中的超級神之一（？）。在宋代，是被信仰爲能保護人們免於旱魃、疫病、盜賊侵害的神祇。

在亞洲沿海部住民之間被廣泛信仰爲航海守護神，是始於海上交通十分盛行的元代以後。

至於三山國王，是將現在潮州市的獨山、明山、巾山等三山視爲神，成爲不斷移住之客家的守護神。

同時台灣的客家，也崇拜義民爺，這是祭祀因台灣戰亂而亡的客家。在台灣全境有二十一所祠廟，其中有部分被稱爲義民廟。

當然，現在的客家人當中也有佛教徒，或基督教徒。可是，信仰的鬼神是以在此列舉的三神爲代表。

同時在廣東、福建省裡，一般是信仰土地神、鄉土神，但在客家之間鮮少祭祀土地神。

最近在日本，有關信仰方面的泛靈論又重新被認識。亦即，認爲以多神教爲原始信仰置於一神教之下位，是很怪異的想法。即，認爲有各種神的存在，才能更充實人的生活的質疑論。

由基督教帶來的西洋文明逼迫人類陷入危機的現在，可說「八百萬之神」的復權備受期待。

但無論如何，中國人豐富的想像力確實令人驚訝。

第六章　日本的客家文化

在日本也有五千人的客家——中國是一個，客家也是一個

☆互助組織的客屬總會

一九八九年八月二十五日，於新加坡舉行「南洋客屬總會」慶祝六十週年紀念大會。

所謂客屬總會，是指客家間的相互扶助組織。

客家，是在山中被敵人包圍之下生活著。唯有靠自己保護自己，否則就無法生存。因此，一族郎黨勢必時時團結一心。

現在，客家人已散布在世界各地。

在自己國度內也受到歧視的客家，無法期待自己國家的保護。於是，在世界各地設置「客屬總會」「崇正總會」的組織，互相協助的客屬會館，以此作爲情

感聯誼，互換資訊。

同時對於屬於外國人的客家，其居住國的金融機關未必會給予融資。作爲資訊交換之處固然重要，而資金協助也是客家總會、崇正總會的重大任務。以客屬會館的會長或長老爲中心，向會員募集款項。各位只要想像駐北韓、南韓的組織，即可了解客屬總會活動的定位。

單憑一個客屬總會無法募集龐大金額時，則會呼籲其他的客屬總會共同調度資金。

並非只限於經濟活動，舉凡福祉、教育、墓地管理等，和居住國的政府活動相關之事，亦由客屬總會處理。另外，也舉辦男女交誼活動。

「世界客屬總會」是世界各地客屬總會的上層團體，而東南亞也設有「南洋客屬總會」。

「世界客屬總會」的第一次懇親代表大會，在一九七一年九月於香港舉行。

總計世界四十九國，近三千人與會（當然，中國、台灣均派代表參加），倡導發揚客家精神和客家的團結。

自第一次懇親代表大會以來，每二年舉辦一次大會。但持續增加的參加者中心，是台灣和東南亞的客家。

很榮幸，我也受邀參加「南洋客屬總會」慶祝六十週年紀念大會。來自東南亞各國，約有一千二百人共襄盛舉，而成爲會場的新加坡南洋客屬會館，是由以萬金油名聞遐邇的胡文虎捐款建造，同時館內也有建造他的銅像。

☆閣僚也參加南洋客屬總會

紀念大會，由會長曾良材的致詞開始，對已故者進行默禱，接著表揚對客屬總會有貢獻者。

其後節目精采，宴會持續至深夜，大家在會場上互換名片。其實這才是最重要，在此做好人脈，有助於事業推廣，同時對於保護自己也大有裨益。

最讓人感覺有趣的是，新加坡的貿易工業大臣兼國防次長（准將）李顯龍以來賓身分與會，並在會場上致賀辭。他是該會的名譽顧問，即李光耀之子（咸認現任總理吳作棟之後，由他繼承總理之位。

献词

永远名誉顾问

李光耀总理

▶新加坡是典型的「客家國家」

▲寄給「南洋客屬總會」的李光耀賀辭

至於李光耀，是該會的永久名譽顧問）。

李顯龍致詞時提到，「今日，我是代表政府與會」（此時，使用英語。但宴會時，便改爲客家語）。同時，當時總理李光耀也寫賀辭。

在新加坡，總理或閣僚普通是不出席特定的人種或宗教的集會。

新加坡是多民族國家。由馬來人、印度人、中國人構成的國家，因此佔人口百分之七十五的中國人不宜過度醒目。因此，以各民族的言語爲國語，至於公用語是最重視英語。

李光耀未以漢字表現自己的姓名，而以英語表記Lee Kuan Yew，主要強調他不是中國人，而是「新加坡人」。

縱然如此，李光耀對於純粹是中國人，加上自負是「正統派、漢民族」的客家總會，以永久名譽顧問的名義寄予賀辭，其子更以「政府代表」在會場致辭。

由此可知，「南洋客屬總會」是個實力厚實的組織。

一九九二年十月，是在台灣的高雄舉辦世界客屬總會。

☆東京崇正公會

客家流行吟唱一句話，「中國是一個，客家是一個」。此言並不存在意識形態。

聽說現在的日本，約有五千人的客家。現在在日本的華僑約十萬人，因此約佔其百分之五。統計數字雖非確切，但其中自稱客家的人約二千人。

其他的約三千人，可能是加入廣東人的組織或福建人的組織。因爲在現在的中國人社會裡，屬於客家藉未必有利。一般客家的教育水準均高，因此除客家語以外，還能說二、三種中國語的人頗多，也因此在其他組織內不易被分辨出是客家。

同時，可能有父母並未告知孩子自己是客家，因此不知自己是客家的華僑，大有人在。

客家屬於北方系，因此長相和日本人相似。其中不乏已融入日本社會裡的客家人。雙親中的一方非客家，尤其是不會說客家語時，更有人不認同自己是客家。

狀況無奇不有，雖非故意隱瞞，但未意識自己是客家人的客家在日本頗多。因此，積極認爲自己是客家的人，可說是以客家爲榮的人們。

因此，在日本當然也有客家相互扶助的組織。東京、名古屋、關西、西日本的各地均有「崇正會」，其中日本最大的「東京崇正公會」，創設於一九五〇年代，約有五十年的歷史，包含其家族的參加者約有一千二百人。

文化大革命時期，日本的北京系華僑團體和台北系華僑團體，處在對立態勢，可是在東京崇正公會裡，並未發生支持北京，或支持台北者的分裂。堂堂正正主張「中國是一個，客家是一個」之下，使大會進行不受影響。由於在歷史上受到迫害，因此，產生無論在任何場合裡，均想避開容易使自己招致滅亡的內部分裂的長年智慧。

一九九四年三月二十六日，於東京池袋的東方會館大廳舉辦東京崇正公會的大會。在第五章裡已提到，我也受邀出席大會。

東京崇正公會會長邱進福先生在致辭時也提到，「中國是一個，客家是一個」。

同時，來賓台北駐日經濟文化代表處代表林金莖先生，和從中國黑龍江省來日的經濟調查團洪瑤楹先生，二人在致詞時均未使用「中華民國」「中華人民共和國」的名稱。

對於對方國，均是「與我無關」的致詞，可是儀式結束後二人的交誼，卻引起會場一陣熱烈鼓掌。大陸方面和台灣方面的官方人員聚頭交誼的情景，是客家聚會以外的場合難以預見。

當然，會場既無青天白日旗，亦無五星紅旗，在講台後方只有綠色的「世界客屬總會」會旗和國父孫文的肖像。只是如此，就足夠了。

☆首次在大陸舉辦的客屬總會

於一九九四年十一月舉辦的「世界客屬總會」，成爲畫時代性的會議。因爲，此屆在中國的廣東省梅州市梅縣舉行。

原本都選在香港、高雄、紐約等地舉辦「世界客屬總會」，但此次是在中國大陸首次舉行。

雖以「中國是一個，客家是一個」爲口號的「世界客屬總會」，此次舉辦地在大陸而使人爲之怯步的情形頗多。事實上，在大陸外的中國人當中，有許許多多唾棄共產主義的人們。

可是，在客家的故鄉梅縣舉行，就另當別論了。

對共產主義意識形態的嫌惡感，可能會排除到某程度。

可是，住宿設備、交通工具……等，在客家故地的深山裡舉行確實相當棘手。因爲，與會者在千人以上。香港、高雄、紐約等地具有國際機場和大飯店，但梅縣就不同了。

可是在大陸舉辦，其意義相當重大。北京也相當期待此次大會的成功，如此或許可拂拭、克服華僑所抱持的反共意識，或對大陸裹足不前的心態。

到達琉球的客家——相隔六百年的歲月

☆「久米三十六姓」的根

客家人，渡海來到琉球王國。

他們不是近代才來，而是更早以前——約六百年以前。

沖繩縣那霸市的中心地，有一處被稱爲久米的市街地，在此被稱爲「久米三十六姓」的人們仍然居住在此。

「久米三十六姓」的習慣，與客家文化類似的非常多。同時，他們也充分發揮客家精神和客家智慧。茲列舉如下：

①客家人在立春進行的「掃墓」（參照前章）習慣相似，依然保留兼具參墓和野遊的「清明祭」習慣。

②應用風水。

③信仰媽祖。

④洗骨習慣。

⑤歷經六百年的歲月，久米的人們已忘記客家語之下，對孔子祭禮之際的號令，和北京語與客家語中間的發音尙多。

諸如以上的風俗習慣性的共通點，依然可見。

另外，久米也有「久米崇聖會」，舉辦各種相互扶助活動。不過，其創設可回溯六百年前。這是世界上最古老的崇聖（正）會。

同時，設置學事獎學金，重視教育這一點也極爲類似。再者，也保存部分客家傳統。

久米地區的大學升學率拔群的高，泰半是前往日本本土或美國升學。其財源及其名義，均依與客家相同的「公嘗」共有財產管理制度處理。現在，不是以「公嘗田」的形態，而是以財團法人一族共有的土地貸給那霸商工會議所，再將其收入應用於只給一族的子孫使用的獎學金。

1994 年的東京崇正公會上，受邀與會的筆者（右起第 2 位）

他們也擁有記載六百年前以來先祖事蹟的「族譜」。

過去，琉球是向日本傳播中國文化的另一窗口。同時，也向東南亞敞開門戶的文化交流窗口。

來日的客家人中最初被肯定其地位的是，在中國大陸明朝滅亡之際亡命日本，創設水戶學的朱舜水。

可是，與此路線完全有別，約六百年前從福建省被稱爲「三十六姓」的人們來到琉球王國。這些人泰半是客家。

然後，他們的居住地是久米村（現在的地名是久米）。

他們爲琉球王國草擬和中國王朝交易

之際的國書，或者琉球王到北京朝貢時充當通譯員同行。這些人並非行商的華僑。

此「三十六姓」的人們，直到最近都被說是福建人。可是，福建語在北京是無法通用。何況當時的福建人，豈有能耐使用北京語撰寫獻給中國皇帝的國書？不僅諳於北京語，又有教養的「三十六姓」，如此般一面援助琉球王國，一面是客家而長久保留獨自的文化與習慣。

其子孫，現在仍健在那霸市內，可說是奇跡。

「久米三十六姓」以後，琉球在第二次世界大戰以後有許多中國人來此定居。其中，客家人的實業家頗多。例如，在這幾年間成爲新名勝區的「東南植物園」。即東南亞的植物盛開的植物園，是在完全被廢棄無作用的沼地上，由華僑系實業家創建的主題公園。

向日本傳播中國文化的窗口琉球＝沖繩，現在是以「環東海經濟圈」正在發展中。

這地區可能會在最近的將來與跨躍廣東、福建、台灣、東南亞的華南經濟圈合流。

☆從客家重新認識中國

日本人愈想了解中國，卻愈容易產生誤解。其中包含自以爲是「美麗誤解」，且是「不認識的理解」。

第四章「何如璋」部分曾提及，現在在中國的小學裡使用的教科書『近代中國小史』中，記述「在舊民主革命時代（一八四〇～一九一九年）被帝國主義掠奪的中國領土」，是包含越南、寮國、泰國、馬來西亞、新加坡、韓國等，以及庫頁島和琉球＝沖繩等。

以日本人的觀點來看，這是令人匪夷所思的說詞。

但是，此想法才是連綿持續，不容置疑的「中華思想」，這也是認識中國如何看待自己周圍世界時的極佳參考。

自負爲「正統派、漢民族」的客家，對此「中華思想」根深蒂固。現在，此「中華思想」已超過意識形態和政治性國境，向「共榮」之道邁進。此乃所謂的「華南經濟圈」，亦是連結大陸與台灣、新加坡的底流。

但一般的中國，容易成爲但求無事的消極主義的「阿Q」。中國人在此「中華思想」之下帶來負面作用，不知反省，也不會有進步。以這一點來看，客家不會是「阿Q」，即使想成爲阿Q，也無法如願。

鄧小平、鄒家華、李登輝、李光耀等，均持有客家人強烈的「中華思想」。因爲，在他們的DNA裡具有從「中原」被逐放到南方僻地的先祖記憶。無論在世界的任何角落，只要在中華文明之下，那裡就會成爲中華的天下。國際法上的國境等，均無所謂。他們都以身爲中國人爲榮。

數千年之間，不斷分裂的中國，到了毛澤東的時代，「中華思想」產生迴避分裂的求心力作用。可是，因客家的「北上」和在海外的雄飛，而更強烈啓動。

這些變化，對於擁有基督教或回教的一神教理念相近於「中華思想」的世界住民，可能有互相理解的部分，可是自認是單一民族的日本人就很難理解了。

今後的日本，在對中關係可能還會相當苦慮，但爲了打開此困境，就必須正視中國和中國人並非單純。幅員廣大的大陸，存在各種種族，同時，其地區性也不容忽視。在如此現實之中，客家人才是離開中國，以及了解亞洲之鑰。

大展出版社有限公司
品冠文化出版社

圖書目錄

地址：台北市北投區(石牌)
致遠一路二段12巷1號
郵撥：0166955～1

電話：(02)28236031
28236033
傳真：(02)28272069

法律專欄連載・大展編號58

台大法學院　法律學系／策劃
法律服務社／編著

1.	別讓您的權利睡著了(1)	200元
2.	別讓您的權利睡著了(2)	200元

・生活廣場・品冠編號61・

1.	366天誕生星	李芳黛譯	280元
2.	366天誕生花與誕生石	李芳黛譯	280元
3.	科學命相	淺野八郎著	220元
4.	已知的他界科學	陳蒼杰譯	220元
5.	開拓未來的他界科學	陳蒼杰譯	220元
6.	世紀末變態心理犯罪檔案	沈永嘉譯	240元
7.	366天開運年鑑	林廷宇編著	230元
8.	色彩學與你	野村順一著	230元
9.	科學手相	淺野八郎著	230元
10.	你也能成為戀愛高手	柯富陽編著	220元
11.	血型與十二星座	許淑瑛編著	230元
12.	動物測驗—人性現形	淺野八郎著	200元
13.	愛情、幸福完全自測	淺野八郎著	200元
14.	輕鬆攻佔女性	趙奕世編著	230元
15.	解讀命運密碼	郭宗德著	200元
16.	由客家了解亞洲	高木桂藏著	220元

・女醫師系列・品冠編號62

1.	子宮內膜症	國府田清子著	200元
2.	子宮肌瘤	黑島淳子著	200元
3.	上班女性的壓力症候群	池下育子著	200元
4.	漏尿、尿失禁	中田真木著	200元
5.	高齡生產	大鷹美子著	200元
6.	子宮癌	上坊敏子著	200元

7. 避孕　早乙女智子著　200 元
8. 不孕症　中村春根著　200 元
9. 生理痛與生理不順　堀口雅子著　200 元
10. 更年期　野末悅子著　200 元

・傳統民俗療法・品冠編號 63

1. 神奇刀療法　潘文雄著　200 元
2. 神奇拍打療法　安在峰著　200 元
3. 神奇拔罐療法　安在峰著　200 元
4. 神奇艾灸療法　安在峰著　200 元
5. 神奇貼敷療法　安在峰著　200 元
6. 神奇薰洗療法　安在峰著　200 元
7. 神奇耳穴療法　安在峰著　200 元
8. 神奇指針療法　安在峰著　200 元
9. 神奇藥酒療法　安在峰著　200 元
10. 神奇藥茶療法　安在峰著　200 元

・彩色圖解保健・品冠編號 64

1. 瘦身　主婦之友社　300 元
2. 腰痛　主婦之友社　300 元
3. 肩膀痠痛　主婦之友社　300 元
4. 腰、膝、腳的疼痛　主婦之友社　300 元
5. 壓力、精神疲勞　主婦之友社　300 元
6. 眼睛疲勞、視力減退　主婦之友社　300 元

・心 想 事 成・品冠編號 65

1. 魔法愛情點心　結城莫拉著　120 元
2. 可愛手工飾品　結城莫拉著　120 元
3. 可愛打扮 & 髮型　結城莫拉著　120 元
4. 撲克牌算命　結城莫拉著　120 元

・少年偵探・品冠編號 66

1. 怪盜二十面相　江戶川亂步著　特價 189 元
2. 少年偵探團　江戶川亂步著　特價 189 元
3. 妖怪博士　江戶川亂步著　特價 189 元
4. 大金塊　江戶川亂步著　特價 230 元
5. 青銅魔人　江戶川亂步著　特價 230 元
6. 地底偵探王　江戶川亂步著
7. 透明怪人　江戶川亂步著

8. 怪人四十面相　江戶川亂步著
9. 宇宙怪人　江戶川亂步著
10. 恐怖的鐵塔王國　江戶川亂步著
11. 灰色巨人　江戶川亂步著
12. 海底魔術師　江戶川亂步著
13. 黃金豹　江戶川亂步著
14. 魔法博士　江戶川亂步著
15. 馬戲怪人　江戶川亂步著
16. 魔人剛果　江戶川亂步著
17. 魔法人偶　江戶川亂步著
18. 奇面城的秘密　江戶川亂步著
19. 夜光人　江戶川亂步著
20. 塔上的魔術師　江戶川亂步著
21. 鐵人Q　江戶川亂步著
22. 假面恐怖王　江戶川亂步著
23. 電人M　江戶川亂步著
24. 二十面相的詛咒　江戶川亂步著
25. 飛天二十面相　江戶川亂步著
26. 黃金怪獸　江戶川亂步著

・武術特輯・大展編號 10

1.	陳式太極拳入門	馮志強編著	180 元
2.	武式太極拳	郝少如編著	200 元
3.	練功十八法入門	蕭京凌編著	120 元
4.	教門長拳	蕭京凌編著	150 元
5.	跆拳道	蕭京凌編譯	180 元
6.	正傳合氣道	程曉鈴譯	200 元
7.	圖解雙節棍	陳銘遠著	150 元
8.	格鬥空手道	鄭旭旭編著	200 元
9.	實用跆拳道	陳國榮編著	200 元
10.	武術初學指南	李文英、解守德編著	250 元
11.	泰國拳	陳國榮著	180 元
12.	中國式摔跤	黃　斌編著	180 元
13.	太極劍入門	李德印編著	180 元
14.	太極拳運動	運動司編	250 元
15.	太極拳譜	清・王宗岳等著	280 元
16.	散手初學	冷　峰編著	200 元
17.	南拳	朱瑞琪編著	180 元
18.	吳式太極劍	王培生著	200 元
19.	太極拳健身與技擊	王培生著	250 元
20.	秘傳武當八卦掌	狄兆龍著	250 元
21.	太極拳論譚	沈　壽著	250 元
22.	陳式太極拳技擊法	馬　虹著	250 元

23. 二十四式 三十二式 太極 拳 劍	闞桂香著	180 元
24. 楊式秘傳 129 式太極長拳	張楚全著	280 元
25. 楊式太極拳架詳解	林炳堯著	280 元
26. 華佗五禽劍	劉時榮著	180 元
27. 太極拳基礎講座：基本功與簡化 24 式	李德印著	250 元
28. 武式太極拳精華	薛乃印著	200 元
29. 陳式太極拳拳理闡微	馬　虹著	350 元
30. 陳式太極拳體用全書	馬　虹著	400 元
31. 張三豐太極拳	陳占奎著	200 元
32. 中國太極推手	張　山主編	300 元
33. 48 式太極拳入門	門惠豐編著	220 元
34. 太極拳奇人奇功	嚴翰秀編著	250 元
35. 心意門秘籍	李新民編著	220 元
36. 三才門乾坤戊己功	王培生編著	220 元
37. 武式太極劍精華 +VCD	薛乃印編著	350 元
38. 楊式太極拳	傅鐘文演述	200 元
39. 陳式太極拳、劍 36 式	闞桂香編著	250 元
40. 正宗武式太極拳	薛乃印著	220 元

・原地太極拳系列・大展編號 11

1. 原地綜合太極拳 24 式	胡啟賢創編	220 元
2. 原地活步太極拳 42 式	胡啟賢創編	200 元
3. 原地簡化太極拳 24 式	胡啟賢創編	200 元
4. 原地太極拳 12 式	胡啟賢創編	200 元

・名師出高徒・大展編號 111

1. 武術基本功與基本動作	劉玉萍編著	200 元
2. 長拳入門與精進	吳彬　等著	220 元
3. 劍術刀術入門與精進	楊柏龍等著	220 元
4. 棍術、槍術入門與精進	邱丕相編著	220 元
5. 南拳入門與精進	朱瑞琪編著	元
6. 散手入門與精進	張　山等著	元
7. 太極拳入門與精進	李德印編著	元
8. 太極推手入門與精進	田金龍編著	元

・實用武術技擊・大展編號 112

1. 實用自衛拳法	溫佐惠著
2. 搏擊術精選	陳清山等著

・道學文化・大展編號 12

1. 道在養生：道教長壽術　郝　勤等著　250 元
2. 龍虎丹道：道教內丹術　郝　勤著　300 元
3. 天上人間：道教神仙譜系　黃德海著　250 元
4. 步罡踏斗：道教祭禮儀典　張澤洪著　250 元
5. 道醫窺秘：道教醫學康復術　王慶餘等著　250 元
6. 勸善成仙：道教生命倫理　李　剛著　250 元
7. 洞天福地：道教宮觀勝境　沙銘壽著　250 元
8. 青詞碧簫：道教文學藝術　楊光文等著　250 元
9. 沈博絕麗：道教格言精粹　朱耕發等著　250 元

・易學智慧・大展編號 122

1. 易學與管理　余敦康主編　250 元
2. 易學與養生　劉長林等著　300 元
3. 易學與美學　劉綱紀等著　300 元
4. 易學與科技　董光壁　著　280 元
5. 易學與建築　韓增祿　著　280 元
6. 易學源流　鄭萬耕　著　元
7. 易學的思維　傅雲龍等著　元
8. 周易與易圖　李　申　著　元

・神算大師・大展編號 123

1. 劉伯溫神算兵法　應　涵編著　280 元
2. 姜太公神算兵法　應　涵編著　280 元
3. 鬼谷子神算兵法　應　涵編著　280 元
4. 諸葛亮神算兵法　應　涵編著　280 元

・秘傳占卜系列・大展編號 14

1. 手相術　淺野八郎著　180 元
2. 人相術　淺野八郎著　180 元
3. 西洋占星術　淺野八郎著　180 元
4. 中國神奇占卜　淺野八郎著　150 元
5. 夢判斷　淺野八郎著　150 元
6. 前世、來世占卜　淺野八郎著　150 元
7. 法國式血型學　淺野八郎著　150 元
8. 靈感、符咒學　淺野八郎著　150 元
9. 紙牌占卜術　淺野八郎著　150 元
10. ESP 超能力占卜　淺野八郎著　150 元

國家圖書館出版品預行編目資料

由客家了解亞洲／高木桂藏著，陳蒼杰譯
－初版－臺北市，大展出版，品冠文化發行，民 90
面；21 公分－（生活廣場；16）
ISBN 957-468-109-2（平裝）
1. 客家
536.21　　　　90018576

由客家了解亞洲

ISBN 957-468-109-2

著　　者／高木桂藏
譯　　著／陳蒼杰
發 行 人／蔡森明
出 版 者／大展出版社有限公司
發 行 者／品冠文化出版社
社　　址／台北市北投區（石牌）致遠一路 2 段 12 巷 1 號
電　　話／(02) 28236031・28236033・28233123
傳　　真／(02) 28272069
郵政劃撥／01669551
E-mail／dah-jaan@ms9.tisnet.net.tw
登 記 證／局版臺業字第 2171 號
承 印 者／高星印刷品行
裝　　訂／日新裝訂所
排 版 者／千兵企業有限公司
初版1刷／2001 年（民 90 年） 12月

定　價／220 元

大展好書 好書大展